맛있는 여행

맛있는 여행

고향의 맛을 찾아서

구활 지음

눈빛

구활

경북 경산 하양에서 태어나다. 매일신문 문화부장 논설위원을 지내다. 에세이집 『시간이 머문 풍경』『하안거 다음날』『고향집 앞에서』『바람에 부치는 편지』『선집, 정미소 풍경』『선집, 어머니의 텃밭』『어머니의 손맛』『풍류의 삶바』등을 출간하다. 현대수필문학상, 대구문협문학상, 금복문화예술상, 원종린문학상, 대구광역시 문화상(문학) 등을 수상하다. 매일신문 주간지에 「구활의 스케치 기행」 100회를 연재했으며, 현재 「구활의 고향의 맛」을 240회째(주 1회) 연재중이다. 한국언론재단, 방일영문화재단, 한국문화예술진흥위원회, 대구경북연구원 등으로부터 저술지원금을 받다.

맛있는 여행
고향의 맛을 찾아서
구활 지음

초판 1쇄 발행일 — 2014년 8월 20일
발행인 — 이규상
편집인 — 안미숙
발행처 — 눈빛출판사
　　　　서울시 마포구 월드컵북로 361 이안상암 2단지 506호
　　　　전화 336-2167 팩스 324-8273
등록번호 — 제1-839호
등록일 — 1988년 11월 16일
편집 — 성윤미·이솔
인쇄 — 예림인쇄
제책 — 일광문화사
값 12,000원

ISBN 978-89-7409-949-7　03040
copyright ⓒ 2014, 구활

책머리에

신문에 연재 글 쓴답시고 우리나라 방방곡곡을 한 오 년 좇아 댕겼는데 남는 게 없네. 한 주에 한 번씩 신문에 황칠을 하고서도 그것도 모자라 이렇게 또 책으로 묶어 내고 보니 욕심이 과한 것 같아 솔직히 송구스럽다.

중국 명나라 때 시인이자 화가인 동기창(董其昌)은 『화선실수필(畵禪室隨筆)』이란 책에서 "만 권의 책을 읽고 만 리 길을 걸어 보고 만 인의 벗을 사귀어 봐야 선비로서 비로소 풍류를 이야기할 수 있다"라고 말한 적이 있다.

이 글을 읽다가 깜짝 놀랐다. 목숨이 다할 때까지 읽고 쓰고 걸어 봐야 천 리나 걷겠나. 내 친구 도광의 시인이 그의 시집 서두에 적은 "그림자 밟고 다닐 날도 얼마 남지 않았다"라는 말이 가슴을 친다.

이 책에 실린 글들은 2009년 9월 10일부터 매일신문 주간지의 기획물인 「구활의 고향의 맛」에 실린 것 중에서 뽑은 것이다. 고맙고 고맙다.

2014. 7.
구활

차례

겨울 바다, 그 쓸쓸함에 대하여

겨울 바다는 아주 몽환적이다. 때론 신비스럽기까지 하다. 그 몽환 속에 잠들어 있는 겨울 바다란 악보를 연주할 수 있는 건 오로지 고요와 적막뿐이다. 정적(靜寂)이란 데시벨을 최대치로 높여 놓을 때가 눈이 오는 겨울 바다의 아침나절이다. 그때 바다는 어떤 악기의 소리도 거부하고 오로지 바람에게만 활을 맡겨 연주를 하게 한다.

바람은 아무런 악보 없이 바이올린을 켜듯 활을 짧게 밀고 길게 당기는 것 같지만 그게 아니다. 하늘과 맞닿아 있는 수평 선에서 고무줄놀이를 하는 바닷새들의 몸짓을 음표인 양 읽고 무심한 척하면서 음 하나, 박자 하나 놓치지 않고 그렇게 연주를 하는 것이다. 그 음악은 귀로는 들을 수가 없고 다만 두 눈에 전달되는 음감을 온몸으로 느껴야 한다. 나는 겨울 바다가 전해 주는 무언의 메시지 같은 '겨울 교향곡'을 사랑한다.

겨울 바다는 귀가 어두운 베토벤의 제5번 심포니 〈운명〉이 '적막을 위하여'란 부제를 달고 소리가 들리지 않도록 연주하는 야외공연장이다. 또 다른 한편으로 생각하면 '고요'라는 주

9

제의 소묘 작품들이 무진장으로 널려 있는 노천미술관이기도 하다. 선창에 정박하고 있는 어선들, 섬으로 연결되어 있는 출렁다리, 폐선의 녹슨 닻 등이 쌓여 가는 눈(雪)에 자기 본래의 색깔을 헌납하고 흑백사진과 같은 수묵의 뼈다귀만 드러내 놓고 있다.

겨울 바다는 무음(無音), 무반주(無伴奏), 무필(無筆), 무채색(無彩色) 등 무(無)자 화두 하나씩을 들고 동안거에 들어 있는 바닷가 선방이다. 그래서 겨울 바다는 외롭고 쓸쓸하다. 모든 외로운 것들은 그 존재의 쓸쓸함을 치유하기 위해 누구에게서든지 위안받기를 원한다.

그러나 위안이란 자체가 사실은 공허한 것이다. 무대에 선 가수에게 터지는 스포트라이트 속의 갈채는 무한한 칭송이지만 무대의상을 벗어 버린 빈 몸은 허허롭기 짝이 없다. 불안한 내면을 남들이 엿볼까봐 조바심하다 끝내 술과 마약에 기대지만 그것이 영생을 약속해 주지는 않는다. 마릴린 먼로와 휘트니 휴스턴의 짧은 삶이 그랬다.

"울지 마라./ 외로우니까 사람이다./ 살아간다는 것은 외로움을 견디는 일이다./ 눈이 오면 눈길을 걸어가고/ 비가 오면 빗길을 걸어가라./ 가끔은 하느님도 외로워서 눈물을 흘리신다./ 새들이 나뭇가지에 앉아 있는 것도 외로움 때문이고/ 네가 물가에 앉아 있는 것도 외로움 때문이다./ 산 그림자도 외로워서 하루에 한 번씩 마을로 내려온다./ 종소리도 외로워서 울려 퍼진다."(정호승의 시「수선화에게」중에서)

그리움에 지쳐 버린 사랑하는 사람들만 외로움을 느끼는 건 아니다. 법당의 중앙에 앉아 계시는 석가모니 부처님도 우물 천장 밑 빈 방의 공허가 너무 쓸쓸해서 항마촉지인(降魔觸地印)을 하고 계신다. 하나님 아버지도 너무 외로워서 "찬양하라, 쉬지 말고 기도하라"라며 인간들을 다그친다. 아마 그것은 인간들의 나태를 질책하고 기도하는 가운데 잘못을 반성하여 목표하는 바를 성취하라는 깊은 뜻이 담겨 있었을 것이다.

겨울 바다는 허영이자 사치다. 나는 겨울 바다를 좋아하지 않았다. 생선회의 유혹이라면 몰라도 내 문학의 허기를 채우기 위해 겨울 바다를 찾은 적은 단 한 번도 없었다. 문학을 사랑하는 이들의 무턱 댄, 겨울 바다에 대한 동경과 그 센티멘털리즘에 동의할 수 없었던 것도 하나의 이유였다. 사실이지 겨울 바다 예찬론자 중 겨울 내내 바다에 한 번도 가 보지 않은 이들이 얼마나 많은가.

눈 내리는 남도 바닷길 여행을 떠났다가 제대로 된 겨울 바다를 만났다. 강진 인근의 마량포구 초입에 있는 바다 팬션(061-432-7979·이봉석)에서 조용히 내려앉은 겨울 바다의 저녁 풍경을 보았다. 이 동네 겨울 바다는 내가 여태 봐 왔던 그런 바다가 아니었다. 식욕이고 문학이고 모든 걸 집어치우고 '그냥'이란 낱말을 앞세워서라도 찾아와야 할 겨울 바다, 고요와 적막을 음악으로 들을 수 있는 그런 겨울 바다였다.

추억은 기억의 화면이 아닌 소리로 복원될 때 가장 명징하다고 한다. 집으로 돌아가 완연한 봄이 올 때까지 이곳 겨울

바다에서 연주되고 있는 '적막을 위하여'란 심포니가 귓가에
계속 들려올 것만 같다.

여름 바다, 그 황당함에 대하여

나와 도반들은 여름 한철은 아무 데도 가지 않고 그냥 버틴다. 바캉스 계획을 세워 바다로 달려 나온 청춘들에게 자리를 내주기 위함이다. 이렇게 말하고 나니 정치하는 사람들의 언변처럼 겉은 번지르르하지만 사실은 다른 이유가 있다. 여행비용이 너무 비싸게 먹히기 때문이다.

머리 희끗한 도반들이 캠핑 장비를 챙겨 여름 바다로 떠나본들 청춘을 돌려받지는 못한다. 여름 바다는 젊은이들의 전유물이다. 산드라 디와 트로이 도나휴가 청순한 연기를 보여주었던 영화 〈피서지에서 생긴 일〉을 봐도 그렇고, 밋지 게이너와 존 카가 나오는 〈남태평양〉이란 뮤지컬을 봐도 "아하! 여름 바다는 젊은이들의 몫이구나" 하고 금방 느끼게 된다.

사람들은 여름 바다에 왜 그렇게 열광하는가. 여름 바다에는 무엇이 있는가. 곰곰 생각해 보니 그건 사람이란 결론에 도달한다. 사실 바다보다는 푸른 산 계곡이 훨씬 시원하다. 그런데 사람들은 바캉스철만 오면 너도나도 배낭을 둘러메고 바다로 달려간다. 사람이 사람을 만나기 위함이다.

여름 바다의 생명은 길어야 한 달 남짓이다. 어쩌다 장마가 길어질 경우 여름 바다는 맥이 풀려 버릴 때도 있다. 그러나 여름 사람들은 날씨에 크게 개의치 않는다. 날이 흐려도 그만, 비가 오거나 바람이 불어도 그만이다. 기실 그들의 목표는 여름 바다가 아니라 바닷가에 모인 사람들이기 때문이다. 사람이 사람을 만나면 무엇을 하는가. 물어볼 필요가 없다. 청춘과 사랑의 깃발을 흔들며 역사를 만들어 나간다.

역마살이 끼어 있는 사람은 엉덩이가 들썩거려 가만히 앉아 있질 못한다. '여름 바다는 청춘들에게 내주어야지' 하면서도 그새를 못 참고 이틀 여정으로 서해 일대를 한 바퀴 돌아온 적이 있다. 예상했던 대로 어시장에는 우리가 먹어 봤으면 하는 횟감 생선이 없었고, 펜션의 하룻밤 숙박비는 비수기의 세 배로 껑충 올라 있었다. 사정이 이 정도면 여름 바다는 아예 '꽤 대기를 쳐 내다 버렸으면 좋겠다'는 생각이 들 정도였다.

바닷물의 온도가 올라가면 고기들도 서늘한 깊은 바다로 바캉스를 떠난다. 사람들이 도시의 가마솥더위를 피해 바닷가로 몰리는 것과 같다. 그런데 왜 해파리란 놈들과 이안류란 낯선 이름의 파도는 먼 바다로 떠나지 않고 갯가로 피서를 나와 이렇게 극성을 부리는 걸까.

그러니까 근해와 연안에서 그물질하는 어부들에게 고기가 잡힐 리가 없다. 이름난 어시장에도 생선이 귀한 건 마찬가지다. 도반들은 길가에서 라면으로 끼니를 때우더라도 횟감 생선만은 감성돔, 농어, 광어, 우럭 등 자연산 큰 놈들을 선호하는데 손으로 집을 만한 게 없으니 여름 자체를 포기해야 할 판이다.

그렇지만 어쩌나. 말썽 부리는 자식이라고 후손 명단에서 삭제할 수 있는가. 성경에도 돌아온 탕자의 이야기가 있지 않는가. 바닷가의 숙박비가 비싸고 갯가에 생선 횟감이 아무리 귀하더라도 이글거리는 태양 에너지가 충만한 여름을 우리 손으로 버릴 수는 없는 것이다.

섭씨 37도를 오르내리는 더위를 견디다 못해 여름 바다를 향해 또다시 길을 나서기로 했다. 열대야란 이름의 난폭한 밤더위가 '갈 테면 가라'고 오히려 후련해 한다. 마침 뜻 맞는 도반 네 사람이 점심을 먹다가 행선지를 삼천포 어시장으로 정했다. 출발은 다음날 이른 아침으로 우리의 계획이 실행으로 옮겨지기까진 그리 오랜 시간이 걸리지 않는다.

예상했던 대로 삼천포 어시장이라고 질 좋은 횟감이 우리를 기다려 주지는 않았다. 가격도 만만치 않았다. 어시장을 두 바퀴쯤 돌았지만 아무것도 건진 게 없었다. 우린 다시 해변도로를 따라 통영으로 출발했다. 그러나 그곳도 마찬가지였다. 어시장 입구의 단골 고무 다라이 아줌마는 "오늘 물건 없어. 구십 프로가 양식이여" 하는데 김이 팍 새고 말았다. 알고 있는 사실이 진실로 확인될 때 배신감은 더욱 허무하게 느껴지는 법이다. 우린 곰장어 2킬로그램(킬로그램당 22,000원)과 뿔소라 몇 마리를 샀다. 여름 바다의 선물치곤 너무 시시하다.

그러나 삼천포–통영 간 해변도로의 풍광은 숲과 바다를 적

절히 배치한 캘린더 사진처럼 너무 멋지다. 우린 여름 바다가 내려다보이는 정자에 앉아 곰장어와 소라를 구워 먹으며 한 마디씩 했다. "여름 바다가 이렇게 황당하다니."

운문사 솔바람 소리

운문사에 세 번이나 갔는데 한 번도 절 구경을 못한 친구가 있다. 술과 돼지고기 수육을 들고 명찰 운문사를 구경하겠다며 길을 나섰다. 슈퍼마켓에서 산 소주와 맥주가 든 박스를 들고 몇 발짝 걸어 보니 이건 농담이 아니었다. 그래서 옛 어른들의 "술 한 말 먹고는 가도 지고는 못 간다"라는 말씀이 그렇게 절실할 수가 없었다. "에라, 모르겠다. 개울로 내려가 마시고 올라가자"라는 선창에 모두가 "옳소" 하고 맞장구를 쳤다.

술이란 게 원래 그렇다. 맨 처음엔 몸을 움츠리며 술과 안주를 먹는다. 거나해지면 술이 술을 먹는다. 그다음이 가관이다. 술이 사람을 먹는다. 이때부터 눈에 보이는 게 없어진다. 집에 키우는 개도 개고, 상사도 '개'다. 봉급을 주는 사장도 '글마'(그놈 아이의 경상도 사투리)고, 대통령도 '절마'(저놈 아이)다. 바야흐로 해탈에 버금가는 '술탈'의 경지다.

운문사는 탁객이 탁한 마음가짐으로 찾아갈 그런 절이 아니다. 운문사는 때 묻지 않은 청정도량이다. 삼라만상에 널려 있는 모든 물상들은 제 나름대로 지니고 있는 격과 값이 있다.

17

사람에겐 인격이, 물건에겐 품격이 있다. 그런 격들은 내면에서 우러나와 겉으로 비친다. 눈으로 보이는 바깥 상태가 바로 격이자 값이다.

사람 중에서도 겉으로 보기에 '요것쯤이야' 싶을 정도로 만만한 사람이 있다. 그런가 하면 '그대 앞에만 서면 작아지는' 주눅이 드는 사람도 있다. 그야말로 천차만별이다. 모든 물상들, 사람이나 물건까지도 오랜 세월 동안 내공을 쌓아야 품격이 높아지는 것은 분명한 사실이다.

사찰도 마찬가지다. 규모가 크고 웅대하다고 해서 위엄이 갖춰지는 것은 아니다. 흙마당에 대빗자루 흔적이 뚜렷한 아주 작은 암자라도 범접하기 두려운 느낌을 주는 곳이 있다. 품격을 잴 수 있는 자는 없지만 살갗 돌기의 미세한 떨림으로 그 도를 측정할 수 있다.

사람의 격은 안에서 뿜어 나오는 인향(人香)과 말씀이 크게 작용한다. 노자는 '다언삭궁(多言數窮)'이란 말로 인간들을 타이른 적이 있다. '말이 많으면 자주 궁지에 몰린다'는 뜻이다. 풍채와 인물이 그럴 만한 어른도 말이 많으면 격과 값이 한꺼번에 떨어지고 만다. 말 많은 사람치고 대접받는 사람은 없다.

사찰은 동취(銅臭)가 나지 않아야 한다. 동취란 돈냄새를 말한다. 최근 스님네들의 도박과 색탐 소동들이 결국 사찰의 격과 가치를 떨어뜨리는 요인으로 작용하고 있다. 사찰의 품격은 대웅전과 일주문, 천왕문, 범종루 등 건축물들의 아름다움이 대변할 것 같지만 그렇지 않다. 스님들의 인품이 티 없이 맑을 때 사찰의 격도 올라가게 되는 것이다.

지난 정월보름이자 동안거 해제일에 운문사를 다녀왔다. 절은 계절과 관계없이 청정했고 솔숲 사이로 불어오는 솔바람 소리는 더없이 맑았다. 때마침 바람이 구름을 몰고 가 버려 하늘은 옅은 푸른색으로 휘장을 둘렀고 딱따구리가 나무를 쪼는 따다다닥 하는 소리는 솔바람 길에서만 들을 수 있는 귀한 청량제였다.

답사 전문가인 유홍준 교수는 운문사의 다섯 아름다움 중에서 "가장 아름다운 것은 비구니 학인 스님들이다. 세상 사람들이 나를 비웃어 여색을 탐하는 사람이라고 비방해도 이것이 내 진심임을 속일 수 없다"라고 말한 적이 있다. 봄이 좀더 가까이 다가왔으면 경내 텃밭에 울력 나온 학인 스님들의 모습이 더러 보였을 텐데 오늘은 해제일 마지막 염불을 외는 낭랑한 목소리만 문틈으로 새어 나올 뿐 솔바람 소리를 닮은 학승들의 모습은 보이지 않았다.

대웅전 앞 삼층석탑 사이를 지나 오백전(五百殿) 옆 개울 난간에 섰다. 십여 년 전까지만 해도 학인 스님들의 여름철 세수간으로 사용되던 극락교 밑 이목소(離目沼)에는 피라미 한 마리 눈에 띄지 않는다. 물고기들도 동안거 해제일의 마지막 의식을 아직 덜 녹은 얼음장 밑에서 치루고 있나 보다. 대신에 암반 위를 흐르는 물살들은 눈부신 햇살에 반사되어 어느 누가 비단 폭 끝자락을 잡고 살랑살랑 흔들어 대고 있는 것 같다. 빛살이 물살 위로 튀어 오르는 이 현란한 장관은 오케스트라의 높은 음들이 빛으로 변주되는 바로 그 모습이다.

　일주문을 대신하는 범종루를 벗어나자 자꾸만 뒤에서 옷자락을 잡아당기는 것 같다. 운문사의 품격이 집으로 돌아가려는 발걸음을 쉽게 놓아 주지 않는다. 솔바람이 휘이! 하고 한 자락 지나간다.

단풍욕

몸을 물로 씻는 것이 목욕이다. 목욕탕에서의 몸 씻기 외에 세상이 바뀌면서 풍욕(風浴), 삼림욕, 일광욕, 숯가마욕, 원적외선욕 등 별별 것이 다 나왔다. 그런데 가을철에 단풍 숲에 들어가 한 며칠 심신을 푹 담갔다 나오는 걸 단풍욕이라 부르는 사람은 아무도 없다. 그래서 단풍욕을 창시할 겸 청교도처럼 길을 나섰다.

단풍 숲길로 곧장 달려갔다. 사흘 동안 푸름에서 붉음으로 변해 가는 단풍을 눈으로 애무하다가 그것도 모자라 코, 입, 귀, 손 등 오감 모두를 동원하는 호사를 누렸다. 단풍 숲 속에서 그 향기에 취해 술 마시고 노래하고 춤을 추다가 그러다 돌아왔다. 가을이 절정이라는 표현은 나무와 풀들이 내부 깊숙한 곳에 숨겨 두고 있던 끼의 색깔을 바깥으로 뿜어 올리는 화려 찬란한 계절을 말함이리라. "당신 생각을 켜 놓은 채 잠이 들었습니다"라는 함민복 시인의 「가을」이란 시구를 읽으면서 잠을 청하는데도 나는 왜 잠들지 못하는가.

다섯 도반이 점심을 먹다 말고 "단풍 목욕하러 강원도엘 가자"는 제의가 나오자마자 다음날 '당장 출발'로 결정이 났다. 우리의 논의는 항상 단순하게 끝난다. 즉석에서 회비를 걷고 '전과 동'하면 그만이다. 무엇을 가져오도록 배당하는 구질구질한 절차는 생략된다. 스님들이 바깥나들이를 할 때 바랑에 발우 하나를 넣는 것과 똑같다. 그래서 우리는 스스로를 풍류도를 닦는 반려라는 의미에서 도반이라 부른다.

오후 출발이어서 첫날은 춘천 소양호가 내려다보이는 펜션에서 하룻밤을 지내기로 했다. 중앙고속도로를 달리면서 창문을 내다보니 내륙 경북의 나무들은 단풍 소식을 어디서 전해 듣긴 들은 모양인데 무덤덤한 상태로 재미상 없이 그냥 서 있기만 했다. 그것도 경상도 기질인가.

안동 영주를 지나 단양 제천 쪽으로 올라서니 입술연지를 찍어 바른 잎새들의 품새가 아래쪽과는 사뭇 달랐다. 경상도 단풍이 시골 여자풍이라면 강원도 단풍은 여염집 여자에서 벗어난 도시풍의 세련미를 갖추고 있었다. 보는 이의 마음을 들뜨게 할 정도로 정말 아름다웠다. 영랑의 시에 나오는 "오메, 단풍 들것네"란 감탄이 이곳 강원도에서도 여전히 유효했다.

가을과 낙엽 그리고 단풍을 노래한 시인은 한둘이 아니다. "발로 밟으면 낙엽은 영혼처럼 운다. 낙엽은 날개 소리와 여자의 옷자락 소리를 낸다. 시몬, 너는 좋으냐? 낙엽 밟는 소리가." 너무 많이 인구에 회자되어 진부한 느낌이 없지 않지만 구르몽의 「낙엽」은 가을을 낙엽으로 대변하는 절창 중의 절창이다.

우리는 원주, 홍천 등 수많은 단풍욕탕을 거쳐 오는 동안 수시로 탄성을 질러댔고 때로는 혼절할 정도로 단풍 숲 속으로 빨려 들어가 자칫 길을 잃을 뻔도 했다. 단풍 숲을 보고 "지나가는 누구들이 무수히 입을 맞추고 가지 않은 다음에야 저리 황홀해 할 수가 있겠는가"라고 노래한 시인도 있다. 또 어느 시인은 "산허리에 걸려 넘어진 무지개의 찢어진 살 틈에서 흘러나온 핏방울이 골짜기에 고인다. 나무들이 붓을 빼들고 윗도리부터 아랫도리까지 제 옷에 찍어 바른다"라며 단풍을 노래하고 있다.

시인들이 느끼는 단풍은 하나같이 생활과는 거리가 먼 서정뿐이다. 그러나 생물학자들은 단풍의 화려한 색깔은 나무의 해충들에게 보내는 경계신호로 해석하고 있다. "너희들이 내 몸에 알을 낳으려면 내년 봄에 내가 만든 독한 대사물질에 고생할 네 자식들을 걱정해야 할 것"이란 새로운 학설이 나왔다고 한다.

어쨌거나 우리는 서정성과 경계신호가 범벅이 되어 산천을 온통 붉게 채색하고 있는 단풍 숲을 지나 춘천 소양호 호반의 춘천 펜션(033-241-1232)에 도착했다. 이곳 호반은 여태까지 느끼고 즐겨왔던 단풍욕을 총결산이나 하려는 듯 느티는 느티나무대로, 은행은 은행나무대로, 단풍은 단풍나무대로 제 멋에 겨워 우쭐거리고 있었다.

"가을에는 기도하게 하소서. 오직 한 사람을 택하게 하소서. 낙엽들이 지는 때를 기다리며 내게 주신 겸허한 모국어로 나

23

를 채우소서."(김현승의 시 「가을의 기도」 중에서) 정말이지 가을은 상처 입은 영혼을 위해 기도하게 하는 계절이다. 이번 단풍욕 기간은 우리 도반들의 금식하지 않는 라마단 기간으로 술을 마시면서도 내내 기도했다. 아멘.

납작식당 오삼불고기

생애 중의 한 끼의 식사는 대단한 의미를 가진다. "한 끼 먹어도 그만, 굶어도 그만"이란 옛말은 가난이 삶을 지배하던 시절에 자신을 위로하는 말이다. 한 끼를 건너뛰면 놓친 그 한 끼는 영원히 찾아 먹을 수 없다. 배탈이 나 한 끼를 굶어야 할 때와 수술 직전에 속을 비워야 할 경우를 제외하곤 절대로 끼니를 거르지 말아야 한다.

한 끼의 식사는 삶을 지탱하는 원동력이다. 나는 밥상 앞에 앉으면 경건해지고 감사하는 마음이 충일해진다. 아무리 귀찮고 바쁘더라도 식은 밥을 멀리하며 국과 찌개는 방금 끓인 것만을 고집한다. 동물세계에서도 유일하게 인간만이 익힌 음식을 먹는다. 그건 차고 따뜻함이 문제가 아니라 온기가 전해 주는 정성을 최고의 가치로 여기기 때문이다.

예식장에서의 식사를 싫어한다. 음식에 정성이 빠져 있기 때문이다. 그런 음식을 먹느니 뜨끈한 국밥이나 칼국수 한 그릇 먹는 게 낫다. 한 끼의 식사에 대한 내 나름의 경의 표시인 셈이다. 고속도로 휴게소에서의 식사도 별반 다를 바 없다. 여

긴 온기는 있되 정성이 없고 조리하는 사람의 마음이 담겨 있
지 않으니 맛이 없는 건 당연한 결과이다.

지난여름 강릉에서 열리는 문학행사에 참가하는 회원들이
세 대의 차량을 나눠 타고 중부고속도로를 달리다 횡성휴게소
에 이르렀다. 잠시 화장실에 다녀오는 사이에 총무가 식사 주
문을 받고 있었다. 이건 아니다 싶었다. '한 끼의 식사'에 대한
종교 같은 신념이 불끈 고개를 쳐들었다. "여기서 이삼십 분
만 더 달려 횡계 IC에 내리면 아주 맛있는 식당이 있어요. 걸
로 가요."

우린 명태 덕장으로 유명한 횡계의 납작식당을 찾아갔다.
이 집은 싱싱한 오징어와 삼겹살을 주물러 내는 오삼불고기로
아주 유명한 집이다. '은근하고 소박하게 살자'는 슬로건을 내
걸고 있는 이 식당은 200그램에 1만2천 원 수준이니 가격도 착
한 편이다. 일행들은 자칫 별맛 없는 우동으로 한 끼의 식사를
때울 뻔한 위기를 낯선 음식인 오삼불고기로 채우더니 모두의
얼굴빛이 환하게 밝아졌다.

지난 한 해 동안 서너 차례 강릉을 오르내리면서 여행 음식
에 대한 감회를 글로 쓴 적이 있다. 내 글을 읽은 주문진 어시
장에서 우보횟집을 경영하는 독자 최광국 씨가 메일을 보내왔
다. 군위 우보가 고향인 최씨는 낯설고 물선 주문진에 정착하
기까지 꽤나 고생도 했다고 한다. 그는 "이젠 중매인 자격을
얻어 제법 살 만하다"라며 내왕하는 걸음이 있으면 꼭 한번 들
러 달라고 했다. 건성으로 하는 인사치레는 아니었다.

대구에서 강릉까지 같은 승용차를 타고 갔던 우리 팀은 행사가 끝난 후 주문진으로 달려갔다. 자연산 생선회를 떡 벌어지게 한 상 차려 놓고 내외분이 기다리고 있었다. 우린 행사장에서 제공하는 식판 배식을 용케 피해 나온 걸 자축하며 주문진 생막걸리를 위장이 서늘하도록 거푸 들이켰다.

　오랜만에 '고향 까마귀'니 '경상도 문디이'라는 거의 잊혀 가는 말들이 새삼스러운 저녁이었다. 옛날 서라벌 사람들은 한가위 날에는 "더도 덜도 말고 오늘만 같아라"라고 했듯이 우리도 "대구에서의 내일이 오늘만 같아라" 하고 큰소리로 외치고 싶었다. 주문진에서의 한 끼 식사는 정말 근사했다.

　다음날, 두타산 밑 삼화사 무릉계곡에 들러 조선의 명필 양사언이 쓴 무릉선경 중대천석 두타동천(武陵仙境 中臺泉石 頭陀洞天)이란 대필 글씨를 보았다. 또 매월당 김시습이 계곡의 너럭바위 위에 일필휘지로 갈겨 쓴 글씨와 선비들의 취흥이 고스란히 서려 있는 음각 글씨들을 두루 구경한 후 대구로 내려왔다.

　집에 돌아오니 「사평역에서」란 시를 쓴 곽재구 시인이 인도 산티니케탄에서 보낸 540일의 기록을 담은 『우리가 사랑한 1초들』이란 산문집이 책상 위에 얹혀 있었다. 시인은 섬광처럼 지나가는 소중한 1초의 기억들을 시가 아닌 투명한 산문의 탑으로 쌓아 두고 있었다. 따지고 보면 '한 끼의 식사'나 '1초의 기억'이나 삶을 사랑하는 사람들이 서로서로 손짓으로 주고받은 수화(手話)인 셈이다.

27

노란 은행잎과 복어

노란색 붓질이다. 하나님은 일 년에 두어 번씩 노랑 색칠을 하신다. 물감을 듬뿍 묻힌 기다란 붓으로 우리가 살고 있는 이 별의 곳곳을 아름답게 채색하신다. 봄에는 개나리가 피는 둔덕에, 가을에는 은행나무들이 줄지어 늘어선 길가에 노랑 물감을 흩뿌려 옐로우 파티를 여신다. 천지창조를 하실 때 빛을 지으시고 "하나님이 보시기에 좋았더라"라고 했듯이 요즘은 봄가을로 노랑 물을 뿌리시고 "보시기에 좋았더라" 하며 색깔의 제2의 창세기를 구가하고 계신다.

KBS 〈여섯 시 내 고향〉 프로그램에 은행나무 가로수 길을 따라가던 리포터가 강원도 고성 쪽의 어느 항구로 들어선다. 노란 색깔이 두 눈에 가득 들어오니 벌써부터 내 가슴은 뛰기 시작한다. 그 친구는 어선을 얻어 타고 바다 복판으로 나가 비싸고 귀한 생선인 복어를 가득 잡아 돌아온다. 선창에 차려 둔 평상 위에서 회 뜨고 백탕 끓이고 부산하게 돌아다닌다. 부럽기도 하고 질투가 나기도 한다. 몇몇 여행 도반들에게 전화를 걸었더니 "나도 텔레비전을 보고 있다"라는 열에 들뜬 음성이었다. 그래서 이틀 뒤 우리도 출발했다. 여섯 명.

우리는 가을 산이 붉은 스카프를 두르고 남으로 남으로 달려 내려오고 있는 강원도 산골 초입으로 들어섰다. 사느라 한참 동안 잊어버린 탄성이 저절로 튀어나왔다. 바다를 만나러 거친 숨을 몰아쉬며 달려온 산들은 푸른 물결에 몸을 맡겨도 좋다는 듯 노란 단추를 있는 대로 다 풀어 제치고 두 팔 벌여 풍덩하고 뛰어들 기세다.

바다는 참 좋다. 바닷가 노란 가로수 길은 더 좋다. 하나님의 심미안은 정말 대단하시다. 노란 붓질을 하다 말고 나무 밑 부분에는 물감을 나이프로 찍어 바른 것 같이 덧칠을 두껍게 하신 것 같다. 또 자동차들이 쌩쌩 달리는 포도 위에는 설화 (雪畵)를 그릴 때 붓 끝에 묻어 있는 물감을 뿌린 것처럼 노란 점들이 듬성듬성 떨어져 있다. 휘익 하고 바람이 불면 노란 점들은 은행잎으로 변해 이리 날리고 저리 날린다. 이렇게 아름다운 풍경을 액자에 끼워 넣으면 그림의 명제를 무엇이라 해야 할까.

가을의 마지막 향연인 단풍 잔치는 눈이 누릴 수 있는 호사의 극치다. 단풍 색깔은 햇빛의 축복 속에 역광으로 비칠 때 최고로 화려 찬란하다. 그러나 우리의 여행길은 그런 행운은 누릴 수 없었다. 영동 지역 비, 영서 지역 구름이란 일기예보가 빗나가기를 은근히 바랐지만 국지성 폭우와 폭설이 내릴 땐 헛다리짚기가 일쑤인 기상대가 오늘따라 한 치의 오차 없이 맞추고 있다.

햇빛이 꼭 좋은 것만은 아니다. 글루미(gloomy), 블루(blue), 그레이(gray)라는 단어들이 갖고 있는 축축하고 어둑어둑한 분위기들은 밝은 햇빛과는 정반대의 개념들이지만 그것 또한 얼마나 좋은가.

진부령을 넘어갈 때 우리들의 진로를 막아서며 희롱하던 산안개는 그렇게 운치로울 수가 없었다. 산안개는 햇빛이 쨍쨍한 날에는 절대로 느낄 수 없는 감정의 밑바닥을 쓸고 지나가는 회오리 같은 것이었다.

'예술이 마음을 흔드는 바람 같은 것'이라고 정의할 수 있다면 자연은 한 수 더 높은 경지에서 사람의 영혼을 관장하고 있다는 생각이 든다. 단풍과 바람과 산안개에 마음을 빼앗겼다가 정신을 차려 보니 점심 먹을 시간이 훨씬 지나 있었다. 뱃속에선 쪼르륵 소리가 났지만 국밥이나 짜장면으로 한 끼를 때우겠다는 사람은 아무도 없었다. 우린 출발할 때의 목표지점인 거진항을 향해 달리고 또 달렸다.

동해 최북단인 거진항에는 텔레비전 화면에서 본 복어들이 비좁은 고무 다라이 안에서 지겨운 하품을 하고 있었다. 아까는 기상대의 일기예보가 적중하더니 지금은 '내 고향 리포터'의 '복어 천지'라는 멘트가 그렇게 정확할 수가 없다. 복어 값은 엄청 선량했다. 살아 있는 1킬로그램짜리 밀복 한 마리 값이 단돈 2만5천 원. 그건 대구에서 가까운 바닷가 횟집의 양식 광어 값보다 오히려 싼 값이었다. 우린 밀복 세 마리(3.5kg)를 7만5천 원에 샀다. 인근 식당으로 몰려가 복어 회와 백탕을 앞에 두고 "이박 삼일" 하고 크게 외쳤다. 강호동 팀은 '일박 이일'이지만 우린 '이박 삼일'이다. 하늘에 계시는 하나님도 빙긋 웃으시는 걸 나는 똑똑히 보았다.

별빛과 소금

별빛이 바다로 내려오면 하얀 소금으로 변한다. 증도를 둘러싸고 있는 바다가 그렇다. 이곳의 별밤은 너무 영롱하여 황홀하다. 여름밤 하늘을 가로질러 흐르는 미리내와 그 비단 폭에 끼지 못한 낱별들까지 쏟아져 내려 하늘과 바다를 구분 짓지 못한다. 증도에 가야 할 이유가 바로 여기에 있다.

그 섬, 증도에 가고 싶었다. "사람들 사이에 섬이 있다. 그 섬에 가고 싶다"라던 정현종 시인의 「섬」이란 시구 때문은 아니다. 지난봄에 육지와 증도를 이어 주는 큰 다리인 증도대교가 개통되었단 소식을 듣고부터 괜히 몸이 달아올랐다.

꼭 어떤 풍경을 보고 무슨 음식을 먹기 위해 그 섬에 가고 싶은 건 아니었다. 다만 한 가지 소망이 있다면 민박집 마당의 멍석 위에서 막걸리 잔 앞에 두고 밤하늘의 별을 쳐다보고 싶었다. 그동안 별 보기에 너무 허기져 있었기 때문에 더욱 그랬다.

넷이서 2박3일 일정으로 출발했다. 목표는 증도였지만 에둘러 가기로 했다. 그것은 톰슨가젤 새끼를 생포한 사자가 단번에 먹어 치우지 않고 장난감처럼 데리고 놀다 마지막에 잡아 먹는 원리와 같다. 영화의 클라이맥스를 뒤로 미루듯 우리도 증도를 한켠으로 밀쳐 두었다.

우리 팀의 여행중 필수식품인 낙지를 사기 위해 첫날 벌교 시장에 들렀다. 낙지철이 지난 탓인지 볼품없는 조그만 것들도 마리당 만 원이었다. 포기하고 강진과 완도 사이에 있는 남창장(2일, 7일)으로 달려갔다. 남창장에는 웬만하면 낙지는 물론 감성돔이나 민어 한두 마리는 살 수 있을 것 같았다. 그러나 그곳 역시 마찬가지였다. 시장 한 바퀴를 돌아 상인들이 자연산이라 우기는 농어 세 마리를 4만 원에 샀다.

우리는 여행중에 식당에서 밥을 사 먹지 않는다. 횟감 생선은 현지에서 구입하여 직접 회를 치고 찌개를 끓인다. 경비를 아끼는 최선의 방법이다. 특히 전라도 지방의 국도변에는 정자와 쉼터가 많아 밥 먹을 장소는 골라잡을 수 있다. 완도대교를 건너자마자 잔디가 좋은 쉼터에서 생선회를 쳐서 오랜만에 정말 맛있는 점심을 먹을 수가 있었다.

우린 노화도와 보길도를 거쳐 첫 밤을 월출산 밑 콘도미니엄에서 자기로 했다. 여름 초입이긴 하지만 바닷가 민박집은 부르는 게 값일 것 같아 미리 피신하듯 산속으로 들어오니 값도 싸고 사람들이 많지 않아 특별 대접을 받았다. 방값과 밥값을 줄이면 생선 횟감은 좀 비싼 고급 어종을 선택해도 큰 부담이 가지 않는다. 그것이 우리 팀의 노하우다.

피서철 바닷가에는 모든 물가가 비싸다. 특히 섬으로 들어

갈 땐 뭍의 어시장에서 횟감을 구입해서 들어가면 반값에 즐길 수 있다. 이튿날 증도로 출발하면서 보길도 전복 전문집에서 7만 원에 구입한 전복 1킬로그램을 삶아 둘러메고 그 섬으로 진군했다.

증도는 2007년 아시아 최초로 슬로시티로 선정된 섬답게 '어디서 본 듯한 풍경'이 안온하고 편안했다. 멀리 보이는 태평염전의 소금창고는 한 폭의 그림이었고 청보리 들판 사이사이의 집들은 변하지 않은 1960년대 고향의 풍경 그대로였다. 그러고 보니 무안에서 지도를 거쳐 증도로 들어가는 길은 과거로 들어가 도수 높은 안경을 끼고 고전을 읽는 듯한 문학의 길이었다.

마침 증도 우전해수욕장 백사장에는 천일염 축제가 열리고 있었다. 길이 470미터 나무다리 중간의 물 빠진 도랑에는 짱뚱어들도 축제를 벌이고 있었고, 천일염 맨발 체험장과 머드 체험장에는 소년 소녀들의 해맑은 웃음이 푸른 하늘을 뒤덮고 있었다.

해변도로 옆 정자에 앉아 소주 한잔 마시기로 했다. 천일염으로 변한 별가루에 전복을 찍어 한 입 베어 씹어 보니 이 풍요 이 행복을 크게 소리치고 싶었다. 촌로에게 물었다. "여기 민박집 방 한 칸은 얼마쯤 해요?" "돈 십만 원은 줘야 할 걸요." 증도의 별밤은 다음에 보기로 하고 서둘러 짐을 챙겼다.

하늘나라에 보내는 메일

"재거름 지고 장에 간다"라는 말이 있다. 어머니가 자주 쓰던 말이다. 밭에 바지개를 지고 거름을 뿌리던 오줄없는 이가 남들이 장 보러 간다니까 자신도 돈 한 푼 없이 따라나서는 걸 두고 한 말이다. 나는 어릴 적에 어머니로부터 이런 '티방'을 부지기수로 얻어먹었다. 성장하면서 '재거름 지고 장에 따라가는 일'만은 하지 말아야겠다고 여러 번 다짐한 바 있다.

분위기라는 게 있다. 살다 보면 자신은 하고 싶지 않고 그렇게 할 형편이 되지 않는데도 어영부영하는 사이에 주변 상황에 휩쓸려 따라가는 수가 왕왕 있다. 지나고 보면 그 일이 잘된 경우도 있지만 때로는 "그때 그렇게 하지 않았어야 했는데" 하고 후회막급일 때도 있다. 순간적 판단이 잘못됐다는 뜻이다. 결과적으로 말하면 무슨 결정을 할 땐 냉철한 이성적 판단에 의존해야지 기분에 들뜬 감성이 지배하는 꼭두각시가 되어서는 안 된다는 생각이다.

가을이 절정으로 치달을 무렵 여행을 함께 다니는 도반에게서 "오랜만에 요리 같은 요리를 먹어보자"라는 연락이 왔다.

어느 누가 제의를 하면 거절하지 않는 것이 우리들이 지켜야 할 예절이자 불문율이다. 행선지는 대구에서 조금 떨어진 성주군 금수면 성주댐 안의 닭요리 전문집이었다. 우린 서로 믿고 의지한 지가 꽤 오래되어 어떤 음식을 먹는지조차 물어보지 않는다. 그동안 음식에 관한 한 실망한 적이 별로 없었기 때문에 더욱 그러했다.

차량을 운전하는 싱글 조종사를 비롯하여 세 부부 등 일곱 사람이 오랜만에 호반의 맑은 공기 속에 풀어놓아졌다. 댐 좌우 산속의 나무들은 부끄럼도 없이 발가벗은 몸으로 노랗고 붉은 색깔의 의상을 갈아입느라 부산을 떨고 있었다. 지난여름 태풍 탓으로 물길이 바뀐 물줄기는 붉게 물드는 풍경을, 흐르는 물살 거울에 비춰 보느라 여념이 없다. 그랬더니 부인들은 우리 속의 닭보다 더 수선스러워졌고 얼굴엔 행복감이 넘쳐 났다.

수탉 두 마리를 주문했다. 익숙한 솜씨의 주인이 철사고리로 다리를 낚아채니 놀라는 것은 수탉의 총애를 받던 암탉들이었다. 졸지에 잡혀 가는 지아비를 본 암탉들은 철망에 머리를 처박기도 하고 날갯짓을 하며 이성을 잃은 표정들이었다. 인간 세상에는 삐악거리는 새끼들을 팽개치고 지아비 지어미를 헌신짝처럼 버리기도 하는데 우리 속의 닭 가족에게도 이렇게 배울 게 있구나. 가정법원에 이혼 신청을 한 이들의 체험 필수 코스로 이곳 닭장을 둘러보게 하면 어떨까.

잡혀 온 수탉들은 근육질의 몸매와 늘씬한 긴 다리가 멋있었다. 훈련만 잘 시키면 싸움질을 전문으로 하는 한도닭과 겨뤄도 별반 손색이 없을 듯하다. 저 정도의 미남 아니 미계(美鷄)이니 암탉들이 울고불고 앙탈을 부리지 않을 수가 있겠는가. 냄비에 담겨 상 위에 오른 닭볶음탕도 맛은 그만이었다. 약간 질긴 감이 있긴 한데 졸깃졸깃한 게 씹을수록 깊은 맛이 있었다. 무릇 모든 육물 고기는 연하게 느껴지는 식감보다 숫소의 등심처럼 약간 '쫄깃쫄깃'한 게 한결 맛이 좋다.

점심을 먹고 나니 "집 나온 김에 무주 쪽으로 가서 일박하면 어떠냐" 하는 제의가 나왔다. 하나같이 마다할 이유가 없다고 했다. 도반 중 한 쌍은 "버너와 코펠은 물론 쌀과 라면까지 모든 것이 차 안에 준비되어 있다"며 "걱정 말라"라고 했다. 재거름 지고 장에 가는 격으로 준비 없는 여행을 그냥 떠나기로 했다. 모두들 아내가 옆에 있으니 "다녀오겠수다" 하고 인사하면서 미안해 할 필요도 없이 흐르는 시냇물에 소나무 껍질 배를 띄운 것처럼 물결 따라 흔들리기로 했다.

이런 여행은 처음이었다. 그런데도 너무 멋있는 여행이었다. 아무것도 거리낄 게 없었다. 무주의 펜션도 비수기여서 방 잡기는 아주 쉬웠다. 우리는 통상 펜션을 정할 땐 첫째 가격, 둘째 시설과 청결상태, 셋째 방에서 내다보이는 풍경을 꼽는다. 성경에 믿음, 소망, 사랑 중에 그중에 제일은 사랑이라 했지만 우리의 제일은 가격이다. 가격이 착해야 우리의 사랑을 받는다.

무주군 설천면 심곡리에 있는 펜션을 잡았더니 그런대로 만

족할 만했다. 이곳 동네 전체가 단풍으로 치장하고 있었다. 계곡의 흐르는 물도 가을 단풍색으로 물들어 있었다. 아침을 해먹은 후 커피 한 잔을 마시는 여가시간에 저승에 계시는 어머니에게 메일을 보냈다. "어머니, 재거름 지고 장에 왔더니 그것도 괜찮은데요."

어머니의 메일 주소는 이경순의 영문 약자와 사망일을 앞세웠고 하늘나라 천국에 계시리라 믿고 lks0527@heaven.sky라고 썼다. 그런데 저승에 살고 있는 영혼들은 이승의 모든 일들을 귀신처럼 알고 있을 법한데 아직 답장이 없다.

윗세오름의 크리스마스

이번 크리스마스에는 한라산에 함박눈이 내렸으면 좋겠다. 한라산을 오르는 코스에 우열을 매겨 순위를 정할 순 없다. 성판악, 관음사, 어리목, 영실 등 한라산을 오르는 4개 코스는 나름대로 특징이 있다. 나는 가장 짧지만 오르막이 분명하고 구상목 터널을 지나 펼쳐지는 넓은 평원이 마음에 들어 영실 코스를 가장 좋아한다.

영실 주차장에 내려 등산화 끈을 졸라맬 때부터 엷은 흥분이 찾아온다. 문득 "얼마나 운이 좋은가. 올해에도 모기에게 물리다니"라고 읊은 일본의 방랑시인 마쓰오 바쇼의 하이쿠에 나오는 삼행시가 생각난다. 세상에, 살아 있음의 기쁨을 이렇게 절묘하게 표현한 시는 여태 본 일이 없다. 나도 읊는다. "얼마나 운이 좋은가. 올해도 윗세오름을 오르다니."

개울을 건너 오르막 초입에 이르니 등산객들이 엎드려 아이젠을 신는다. 나도 신는다. 여름철에 터널을 이루고 있던 관목 숲이 옷을 벗고 맨살로 매운바람 앞에 마주 서 있다. 강인함의 표상 같기도 하고 연필을 쥐고 있는 화가 앞에 꼼짝 않고 서 있는 누드모델 같기도 하다. 가엾어라.

영실에서 윗세오름 까지는 3.7킬로미터이다. 성판악(9.6km), 관음사(8.7km), 어리목(4.7km)에 비하면 최단거리다. 그렇지만 오름이 있고, 제주말로 '선작지왓'이란 멋진 평원이 있고, 변화무상한 하늘과 구름이 있고, 그 사이로 매와 까마귀가 뜨고, 더 높이로는 대한항공과 아시아나 비행기가 날아간다. 이만한 풍경이 또 어디 있을까.

두 개의 스틱을 짚고 오르기 시작하면 100미터 단위로 표지판이 서 있다. 그건 쉬고 싶은 유혹이다. 전망대에 이르러 잠시 숨을 고른다. 사방을 둘러본다. 2시 방향쯤에 바위 절벽이 병풍처럼 쳐져 있다. 제주10경 중에서도 이름난 오백나한 파노라마다. 한 이틀 내린 눈이 절벽을 덮어 흑백의 터치가 절묘하다. 겸재나 단원의 산수화 중에서 절벽을 그리다 말고 군데군데 먹을 생략한 그런 그림 같다.

오백나한 풍경은 근사한 전설 하나를 물고 있다. "이 근처 어딘가에 살던 설문대할망이 아들 500명을 키우고 있었다. 아들들은 양식을 구하러 집을 나가고 할망 혼자서 큰 가마솥에 죽을 끓이고 있었다. 솥 밑의 죽이 눋지 말라고 여기저기 젓고 다니다 그만 펄펄 끓는 죽 솥에 빠져 죽고 말았다. 가장 늦게 돌아온 막내가 죽 누룽지를 먹으려고 솥 밑을 긁어 보니 사람의 뼈가 걸려 나왔다.

막내는 그게 엄마 뼈인 줄 알았다. 그 길로 고산리 앞바다 차귀도로 내려가 어머니를 그리며 슬피 울다 장군바위로 변했다. 나머지 499명의 아들들은 이곳 병풍 속 오백장군 바위로 굳어 오늘도 어미를 그리며 하늘을 향해 울부짖고 있다. 그런데 영실 기암은 비가 많이 오면 기암절벽 사이로 폭포가 생겨 장관을 이룬다. 사람들은 영실 폭포를 비 와야 물이 흐른다고 '비와야 폭포(B—waya falls)'라 부른다. 서귀포 강정동 악근천 상류의 '엉또 폭포'도 '비와야 폭포'로 불려 지기도 한다.

오백나한이 보이는 오르막을 올라서면 함박눈을 뒤집어쓴 구상나무가 징글벨을 부르고 있다. 썰매도 사슴도 없지만 마냥 즐겁다. 연전까지만 해도 징검다리 같은 둥근 돌을 밟으며 숲 사이를 지나다녔는데 요즘은 널빤지를 깐 산책로가 하늘로 연결되어 있다. 여기서부터 시작되는 평원은 정말 신들의 정원이라 할 만치 아름답다. '선작지왓'은 '돌들이 서 있는 밭'이란 뜻인데 아무리 큰 눈이 와도 군데군데 서 있는 돌들은 묻히지 않고 그야말로 화폭으로 남아 있다.

봄에는 철쭉과 털진달래가 무리지어 피어 꽃바다를 이루고, 여름에는 녹색의 장원으로 변한다. 오늘은 눈이 무릎까지 빠지는 하얀 나라, 이렇게 아름다운 자연을 만들어 주신 하나님께 엎드려 큰절을 올리고 싶다.

산행을 함께한 세 사람의 도반들에겐 "천천히 오라" 이르고는 혼자 윗세오름으로 냅다 달렸다. 컵라면 네 개에 뜨거운 물을 붓고 캔 맥주 몇 개를 눈 속에 묻어 두었다. 얼굴이 꽁꽁 얼어 도착한 도반들은 이렇게 소리쳤다. "맥주 안주로 컵라면만치 맛있는 게 없네."

내년에도 "얼마나 운이 좋은가. 올 크리스마스에도 윗세오름을 오르다니"란 시구를 크게 읊조릴 수 있도록. 차렷, 하나님께 큰절. 바로!

유등지 연꽃

연꽃 피는 소리를 들어 보셨는가. 동이 틀 때부터 햇살이 비치기 전, 그 잠시 사이에 연출되는 연꽃이 몸을 여는 소리를 들어 보셨는가. 옛 선비들은 연꽃들이 꽃잎을 펼치는 소리를 이 세상의 가장 아름다운 소리라고 생각했다. 청개화성(聽開花聲)으로 표현하는 그 소리는 꽃잎에 맺힌 이슬이 듣는 이의 마음속 가장 깊은 곳에 떨어질 때 들리는 바로 그 소리다.

조선조 정조 때 다산 정약용은 초계문신(抄啓文臣)들을 주축으로 죽란시사(竹欄詩社)란 모임을 만들었다. 그 모임의 규칙은 살구꽃 필 때 새해 첫 모임을 갖는다. 복숭아꽃이 피면 봄을 보기 위해 만나고, 참외가 익으면 모여서 여름을 즐긴다. 날씨가 서늘해지면 서지(西池)에 핀 연꽃과 불어오는 바람에 너울너울 춤추는 연잎들의 춤사위를 보기 위해 또 만난다. 가을이 깊어져 국화가 피면 모이고, 큰 눈이 내리면 기별이 없어도 모두 만난다. 한 해가 기울 때쯤 매화가 꽃망울을 터뜨리면 마지막으로 모인다.

선비들이 모일 땐 붓과 벼루 그리고 안주를 지참해야 한다.

간단한 안부가 끝나면 술을 마시며 온갖 담소를 나누다가 시심이 일면 엎드려 시를 짓는다. 일 년의 일곱 번 정기모임 중에 백미는 가을 연꽃 구경이다. 이 모임에 참석하기 위해선 이른 새벽에 말을 달려 서대문 옆에 있는 연밭의 못둑에 모여야 한다. 이 서련지(西蓮池)에는 연꽃 필 때 들리는 소리를 듣기 위해 선비들이 타고 들어갈 조각배가 준비되어 있기 때문이다.

애내성(欸乃聲·노 젓는 소리)조차 들리지 않게 살금살금 못 안으로 들어가면 국기봉보다 더 큰 붉은 연 ₩봉오리들이 떠오르는 아침 해의 기운을 받아 여기저기에서 '부우욱' 하고 들릴 듯 말 듯한 소리를 내며 꽃잎을 편다. 바야흐로 선비들은 연당의 연꽃 소리 향연에 초대받은 귀빈이 되는 것이다. 이것이 옛 선비들이 즐긴 풍류, 그 풍류의 극치다.

비정기 모임도 더러 열린다. 벼슬이 높아지면 축하하기 위해 만나고 누가 아들을 낳으면 생남주를 마시기 위해 모인다. 수령으로 나가는 이가 있으면 송별연을 열고 자제가 과거에 급제하면 그 집에서 잔치를 벌인다. 이렇게 모이다 보면 한 달에 한 번꼴로 만나는 셈이 된다. 그렇지만 요즘처럼 룸살롱에 모여 하급기관 간부들을 불러 값비싼 양주를 맛과 향도 맡지 않고 폭탄주를 마시듯 그렇게 하진 않았다. 선비들은 풍류가 자칫 점잖을 벗어나 난봉으로 기울지 않도록 분수를 지켰다. 그들의 체통을 지키는 수단이 대화와 시짓기였다.

연은 '매란국죽'이란 이른바 사군자 속에 끼지는 않지만 옛 선비들은 군자의 표상을 들먹일 때마다 곧잘 연을 들이대곤 했다. 연꽃을 좋아했던 중국의 주렴계(周濂溪)는 「애련설(愛蓮 說)」을 쓰면서 연꽃의 특징을 군자의 성품에 비유했다. "진흙에 나서 더러움에 물들지 않고(出泥而不染), 맑은 물결에 씻기면서도 요염하지 않고(濯淸漣而不妖), 가운데는 통하고 밖은 곧으며(中通外直), 넝쿨도 없고 가지도 없으며(不蔓不枝), 향은 멀리 가면서 더욱 맑아진다(香遠益淸)". 죽란시사 선비들이 해마다 이른 새벽에 서지의 연밭으로 말달려 간 것도 연의 기상을 배우기 위함이다.

연향은 연밭 옆에 간다고 쉽게 맡아지는 게 아니다. 연꽃 향기는 바람의 골을 따라 흐른다. 연향이 흘러가는 길목에 앉아 한 시간쯤 꽃향기를 맡고 나면 보약 한 사발 마시는 것보다 낫다. 세상의 근심걱정이 사라진다. 연꽃 명당은 강릉의 선교장 활래정 앞 연당을 필두로 부여의 궁남지, 무안의 회산방죽, 경주 안압지 등이 있지만 대구에서 가까운 거리에 있는 팔조령 넘어 청도 화양의 유등지를 빼면 섭섭하다.

유등지는 연못 안에 군자정이란 정자를 품고 있는데다 주변이 넓고 먼 데 풍경이 산수화처럼 아름답다. 지난 주말 오랜 고향 친구인 유등지 옆 레스토랑 토평연지(054-372-0901)의 주인의 안내로 이곳 연당의 바람 골을 샅샅이 살펴본 적이 있다.

나는 죽란시사 회원이 아니어서 조각배 타고 연못 안으로 들어가 보지는 못했다. 대신에 연꽃바람 부는 바람골에 앉아 영혼에 끼인 때를 씻어 내는 데도 시간이 제법 걸렸다. 물론 연잎에 싸서 익힌 오리요리에 곁들인 술 몇 잔과 해리 벨라폰 테가 부른 〈자마이카 페어웰〉이란 노래 때문에 취기가 바짝 오르긴 했지만.

유선여관에서의 하룻밤

산속 개울가 여관에서 딱 하룻밤만 자고 싶다. 그곳은 방 안에 샤워를 할 수 있는 화장실이 딸린 것도 아니다. 멋진 침대가 있는 것은 더욱 아니다. 조명등이 근사하여 춘정을 부추기지도 않는다. 반질반질한 장판 맨바닥이다. 장작 군불을 때 아랫목이 따끈하다. 창호지를 바른 문밖 부엌에서 달그락거리며 밥 짓는 소리가 들리는 그런 곳이다.

그런 여관에서 하룻밤 자고 싶다. 이른 저녁상을 물리고 장거리 산행의 피로를 풀기 위해 팔베개를 베고 누웠으면 남향으로 터져 있는 문에서 들려오는 개울물 소리가 너무 요란하여 쉽게 잠이 올 것 같지 않다. 마침 때는 음력 보름. 휘영청 푸른 달이 대문 밖 벗나무의 그림자를 마당으로 들여보내 짚명석을 화문석 무늬 흉내 내도록 하는 호젓한 여관의 초저녁. 그런 여관에서 딱 하룻밤만 자고 싶다.

장엄한 오케스트라를 방불케 하는 계곡 물소리를 배경음악으로 달빛 소나타를 솔로로 듣고서도 술 생각이 나지 않는다면 이미 풍류객이 아니다. 막걸리 생각이 간절하여 개다리소

47

반에 열무김치와 풋고추 된장 그야말로 박주산채를 기대하면서 "멍석 위에 술상 좀 봐 줘요" 하고 소리친다. 둥근달이 나뭇가지에 걸려 그대로 등불이다.

하룻밤 자고 싶은 여관은 전라도 해남의 대둔사 입구 너부내 가에 있는 유선여관(061-534-3692)이다. 내가 굳이 이 여관에서의 일박을 희원하는 것은 온돌방의 분위기나 한정식 상에 나오는 푸짐한 안주 때문은 아니다. 물소리와 물안개 때문이다. 개울가 암반 위에 닦은 집터에서는 자기(磁氣)가 터져 나와 자고 나면 우선 몸이 개운하다. 또 개울에서 흘러가는 물소리를 깨어서도 듣고, 자면서도 들으면 일체의 망상이 사라진다. 삼백예순날을 하염없이 백수로 살아가고 있는 사람이 무슨 큰 번뇌가 있을까마는 하릴없는 나날이 곧 망념(妄念)의 진원지가 될 수 있기 때문이다.

상상은 계속된다. 밤새도록 비몽사몽간에 물소리를 듣다가 잠이 깨면 이른 새벽인데도 더 이상 잠은 오지 않는다. 개울물소리는 볼륨을 높여 더 큰 소리로 흘러가고 그 소리를 따라 목에 수건 하나를 두르고 개울 바닥으로 내려선다. 비발디의 〈사계〉 중 〈여름〉이 이보다 더 아름다우며, 드보르작의 〈신세계〉가 이 개울물 소리를 감히 능가할 수 있을까.

턱도 없는 소리. 자연에서 들려오는 물소리, 새소리, 바람소리를 설사 스트라디바리우스란 명품 바이올린으로 연주한다 해도 원음을 앞지를 수는 없다. 활이 현을 퉁기거나 문질러 얻은 음을 통 속에 가뒀다가 토해 내는 깽깽이 소리는 자연 음

앞에서는 그저 잡지의 표지처럼 통속할 수밖에 없다. 그래서 자연은 위대하고 자연의 소리는 어떤 음보다 순수하고 고귀하다.

오솔길은 아니지만 대둔사 쪽으로 나 있는 도로를 따라 쉬엄쉬엄 올라가면 물안개가 피어오른다. 밤을 버텨 온 냉기가 아침 온기에 밀리기 시작하면 개울물도 서서히 변하기 시작한다. 그것이 물안개다. 음력 칠월 보름인 백중 무렵에는 지리산을 비롯한 남도의 모든 산들이 연하(煙霞)를 피워 올리기에 골몰한다니 유선여관에서 하룻밤을 보내려면 이때가 최적기가 아닌가 한다.

정말이지 그런 여관에서 딱 하룻밤만 자고 싶다. 이렇게 도시에서만 서성대지 말고 배낭 하나 둘러메고 한시바삐 남도 여행길에 올라야겠다. 중국 육조시대에 종병(375–443)이란 이는 젊은 시절에 산수간을 돌아다니며 즐기다가 늙어 노쇠해서는 산천을 찾아가기가 어려웠다. 그래서 옛날에 가 보았던 산천을 그린 산수화를 방 안에 펼쳐 놓고 상상으로 그림 속을 거닌 것을 '누워서 노닌다'는 뜻으로 와유(臥遊)라 했다. 적어도 나는 그 신세는 면해야겠다.

유선여관의 제법 큰 방에는 줄탁동시(啐啄同時)라는 편액이 걸려 있다. 뜻은 알에서 깨어나려는 병아리가 껍질을 깰 때 어미가 밖에서 쪼아 주어야 제대로 부화를 한다는 말이다. 이 말은 곧 '그런 여관에서 하룻밤 자고 싶다'는 생각이 안에서 소리치면 밖에 달려 있는 두 다리가 얼른 알아채고 성큼성큼 걸

49

어가야 한다는 뜻으로 해석해도 될 것 같다.

와유(臥遊), 와식(臥食), 와음(臥飲), 그건 절대로 안 될 말씀들이다.

스노 콘서트

나의 버킷 리스트(bucket list, 죽기 전에 꼭 하고 싶은 일들을 적은 목록)에는 몇 가지만 적혀 있다. 오로지 실현 가능성이 있는 것들 뿐이다. 그중에 하나가 해남 대둔사 자락의 유선여관에서 눈 오는 하룻밤을 유숙하는 것이다. "청년들이여, 야망을 가져라(Boys, be ambitious)"라는 말이 유행한 적이 있지만 요즘은 "버킷 리스트를 작성하라"라는 말이 젊은이들의 가슴에 파고드는 모양이다. 그 리스트에는 세계일주, 정열적인 사랑하기, 사장 면전에 사표 던지기 등이 좋은 점수를 얻고 있지만 이뤄 내기는 그리 쉬운 일이 아니다.

새해 들어 '눈이 올 것 같다'는 뉴스를 듣고 다섯 도반들이 해남 쪽으로 출발했다. 우리 기상대는 갑자기 내리는 폭우를 예측하기는 어둔하지만 '눈이 오겠다'는 예보쯤은 쉽게 짚어 내나 보다. 오후 들어 하늘이 서서히 내려앉더니 약한 눈발이 슬슬 날리기 시작했다.

유선여관의 만 원짜리 정식은 별다른 특색은 없어도 병어조림, 매생이국, 톳무침 등 남도의 맛을 느낄 수 있어서 먹을 만

했다. 그런데 방들은 방한은 물론 방음시설이 전혀 되어 있지 않았다. 문풍지 없는 문틈으로 찬바람과 함께 옆방의 숨소리까지 들릴 정도였다. 다행스럽게도 연인들의 옆방을 차지했더라면 소리 사냥하느라 밤을 지새웠을 텐데 역시 운은 따라 주지 않았다.

코끝을 스치는 바람은 그야말로 산소였다. 초저녁 하늘에는 눈발이 비치는데도 섣달 보름을 사흘 앞둔 둥근달이 마치 농담하듯 큰 별 하나를 데불고 높이 떠 있었다. 다리 밑 너부내 개울가에는 두 도반들이 얼음장 밑으로 흐르는 물소리를 즐기고 있었다. "들어가서 소주나 한잔하지." 찬반을 물을 필요조차 없었다. "좋지."

새벽 세 시쯤 되었을까. 마려운 통을 비우러 밖으로 나오니 그새 세상은 온통 설국으로 변해 있었다. 댓돌에 얹혀 있던 신발의 눈을 털어 툇마루에 올려놓고 허리를 펴 앞산을 쳐다보니 거기에는 수묵 산수화가 연폭 병풍으로 펼쳐져 있었다.

갑자기 두 개의 이미지가 떠올랐다. 하나는 화폭 가득 노란 색깔을 칠한 러시아 화가 칸딘스키의 〈인상 Ⅲ(Impression Ⅲ)〉이란 추상화였다. 다른 하나는 눈 내리는 밤이면 동치미 국물에 메밀국수를 말아 먹던 백석(白石)의 「나와 나타샤와 흰 당나귀」란 시였다.

칸딘스키가 그린 〈인상 Ⅲ〉이란 그림의 부제는 '콘서트'다. 그는 친구인 쇤베르크의 콘서트에서 들었던 음악, 즉 소리의 감흥을 이렇게 캔버스 가득 노랑으로 칠한 것이다. 다만 그림

속에 드러나는 부분은 검게 칠한 그랜드 피아노의 뚜껑과 아무렇게나 그린 청중 몇 사람의 실루엣뿐이다.

칸딘스키에게는 음악이 그림의 영감이었고 그 소리의 인상이 바로 노란색 바탕의 '콘서트'였던 것이다. 유행가요는 가사가 뜻을 전달하지만 심포니 오케스트라는 노랫말이 없다. 대신에 다양한 음색의 악기들이 저마다 소리를 내어 청중들의 마음을 사로잡는다. 칸딘스키가 오늘밤 나와 함께 '스노 콘서트'를 감상했다면 그 이미지를 어떤 색깔로 표현했을까.

나는 마음의 귀(心耳)를 크게 열고 스노 콘서트가 들려주는 소리의 향연에 취해 버린다. 그 음악 속엔 설해목 부러지는 소리가 들리는가 하면 눈사태가 굉음을 일으키며 쏟아지기도 한다. 어느 누가 감히 함박눈 내리는 소리는 들리지 않는다고 했는가.

오늘처럼 눈 내리는 밤에는 껑껑 언 동치미 국물에 만 메밀국수를 안주로 찬 소주나 실컷 마셨으면 좋겠다. 이미 소주는 한 방울도 없다. 문틈으로 황소바람이 들어오는 외풍 센 방에 누워 백석의 시를 읊으며 다시 잠을 청한다.

"가난한 내가/ 아름다운 나타샤를 사랑해서/ 오늘밤은 푹푹 눈이 나린다/ 나타샤를 사랑은 하고/ 눈은 푹푹 날리고/ 나는 혼자 쓸쓸히 앉어 소주(燒酒)를 마신다/ 소주(燒酒)를 마시며 생각한다/ 나타샤와 나는/ 눈이 푹푹 쌓이는 밤 흰 당나귀 타고/ 산골로 가자/ 출출이 우는 깊은 산골로 가 마가리에 살자(중략)/ 산골로 가는 것은 세상한테 지는 것이 아니다/ 세상

같은 건 더러워 버리는 것이다/ 눈은 푹푹 나리고/ 아름다운
나타샤는 나를 사랑하고/ 어데서 흰 당나귀도 오늘밤이 좋아
서 응앙응앙 울을 것이다."

모닥불 피워 놓고

나는 낙지를 좋아한다. 생선과 갯것들을 통틀어 단 한 가지만 택하라면 우물쭈물하지 않고 낙지를 집을 작정이다. 만년에 만난 부부가 깨가 쏟아지듯이 늦게 만난 낙지가 왜 이렇게 내 마음속에 크게 자리하는지 그건 나도 모르겠다.

볼일이 있어 서울에 갈 경우 무교동 낙지집부터 들른다. 낙지의 쫄깃쫄깃한 묘한 맛과 고춧가루가 범벅이 된 화끈함이 어우러진 그 맛이 싫지 않았다. 모든 음식이 지녀야 할 첫째 덕목은 신선함이다. 신선함을 유지하는 비결은 생명력이다. 한때 즐겨 먹었던 무교동 낙지는 오래전에 목숨이 끊어진 냉동 재료였고 수족관에 살아 있는 산낙지로 요리할 경우 가격은 서너 배 이상 차이가 난다.

낙지 요리는 다양하다. 무교동 낙지처럼 볶음요리가 전부인 줄 알았는데 그게 아니었다. 나열하면 산낙지 참기름 소금 찍어 먹기, 세발낙지 통째 먹기, 기절낙지, 연포탕, 야채를 곁들인 신선낙지 철판구이, 살짝 익힌 낙지 고추냉이 간장 찍어 먹기, 세발낙지 먹물탕 라면 끓이기, 낙지호롱 참숯구이 등을 들

55

수 있다. 그중에서도 나는 산낙지와 호롱낙지구이를 가장 좋아한다.

낙지 산지인 벌교와 무안 방면으로 여행을 떠날 땐 큼직한 나무도마와 시퍼렇게 날이 선 무거운 무쇠칼을 갖고 간다. 산낙지를 '탕탕낙지'로 만드는 데는 나무도마가 최고이며 무쇠칼은 올렸다가 힘 안 들이고 내려놓아도 질긴 낙지 다리가 쉽게 잘려지기 때문이다. 요즘 주부들은 플라스틱 도마를 선호하지만 내려칠 때 들리는 소리와 느낌은 나무도마를 따라오지 못한다. 그건 클래식과 팝, 아니면 오리지널과 퓨전의 차이쯤 될 것 같다.

도마와 칼은 프랑스혁명 초기의 사형도구인 기요틴과 흡사하다. 혁명의회 의원이었던 기요틴은 광장에서 행해지던 교수형이나 사지를 찢어 죽이는 거열형보다 사형수가 고통을 덜 느끼도록 사형기계의 개발을 제안한 사람이다. 단두대 설계자는 외과의사 앙투안 루이였고 만든 사람은 독일인 피아노 장인(匠人)인 토비아스 슈미트였지만 제안자의 이름을 따 기요틴이라 명명한 것이다. 나의 나무도마와 무쇠칼 역시 기요틴의 생각을 모방한 낙지의 고통을 덜어 주려는 배려의 산물인 셈이다.

간혹 신문의 가십란을 장식하는 '목에 산낙지가 걸려 사람이 죽었다'는 기사는 엉터리일 것 같지만 능히 그럴 수 있는 사실이다. 통마리 낙지가 목구멍으로 넘어갈 때 빨판의 힘이 워낙 강해 식도의 점액질쯤은 무시하고 기도를 막아 버린다.

그럴 땐 대가리를 이빨로 씹어 박살낸 후 삼켜야 한다. 낙지와의 대결에도 선제공격이 최선의 병법이다.

『행복한 세계 술맛 기행』을 쓴 일본인 니시카와 오사무는 서울의 어느 포장마차에서 산낙지를 먹은 기억을 이렇게 썼다. "젓가락으로 집었더니 접시에서 떨어지지 않는다. 빨판이 입 안쪽에 달라붙는다. 뺨을 일그러뜨려 씹어 보니 촉감은 표현하기 어려울 정도로 경쾌하다. 접시 위의 낙지 토막은 애벌레처럼 꿈틀거린다. 블랙 유머 같은 느낌이 든다." 블랙 유머! 그렇지. 낙지 다리에 남아 있는 신경의 마지막 항변은 존재에 대한 심한 불확실성과 절망을 동시에 느끼게 하는 것이니까.

산낙지 다음으로 재미있는 것이 낙지호롱이다. 나무젓가락을 낙지 대가리에 꽂아 감아 돌린 다음 맛깔스런 매운 양념을 발라 참숯불에 석쇠를 놓고 굽는 것이다. 소주를 한 잔씩 돌린 다음 "여름을 위하여, 바다를 위하여, 낭만을 위하여"를 소리 높여 외치고, 다리 하나씩을 차례로 뜯어먹으면 옆자리 처음 만난 사람도 금세 친구가 된다.

낙지호롱은 식당에 앉아 주인이 구워 주는 것을 먹으면 맛이 없다. 바닷가 모래밭에 모닥불을 피웠다가 불길이 자지러질 때쯤 나무 꼬챙이 끝에 낙지호롱을 매달아 각자가 구워 먹으면 그만한 운치는 다시없다. 그땐 노래를 불러야 한다. 박인희의 〈모닥불〉 같은 그런 노래를 불러야 한다.

"모닥불 피워 놓고 마주 앉아서 우리들의 이야기는 끝이 없어라. 인생은 연기 속에 재를 남기고 말없이 사라지는 모닥불

같은 것. 타다가 꺼지는 그 순간까지 우리들의 이야기는 끝이
없어라."

목로주점 흙바람 벽

나는 목로나 주막이란 낱말을 좋아한다. 설렘과 그리움도 사람의 마음을 훈훈하게 덥혀 주는 단어라고 생각한다. 하나 더 보태자면 푸근함과 넉넉함도 이 반열에서 빠뜨릴 수 없다. 목로나 주막은 간단한 안주밖에 없는 선술집을 뜻한다. 좁은 널빤지를 길게 놓고 목침만 한 송판의자에 쪼그리고 앉아 막걸리 한 사발에 한 보시기의 김치 안주를 집어 먹는 맛과 멋. 목롯집은 기생과 풍악이 있는 주청(酒廳)이나 주루(酒樓)에서의 풍류가 도를 넘어 난봉으로 기우는 그런 술판과는 극명한 대조를 이룬다. 그렇지만 멋의 무게는 주막이 훨씬 무겁지 않을까.

요정과 룸살롱이란 화려한 술집에서는 밀실 거래와 흥정이 있을 뿐 진정한 친구와 정겨운 이야기는 없다. "멋들어진 친구 내 오랜 친구야/ 월말이면 월급 타서 로프를 사고/ 연말이면 적금 타서 낙타를 사자/ 그래 그렇게 산에 오르고 그래 그렇게 사막에 가자"는 이연실이 부른 〈목로주점〉이란 노래에서 읽을 수 있듯이 목롯집에는 끈끈한 정과 사람의 냄새가 있고 살아가는 기쁨이 넘친다.

르네 클레망 감독의 〈목로주점(Gervaise)〉이란 영화는 경제 공황이 밀어닥친 파리의 황량함과 암울함을 멋지게 그려 낸 명화 중의 명화다. 나는 목롯집이 생각나면 마리아 셸이 여주 인공으로 나오는 그 영화를 떠올린다. 그리고 의식의 착각이 겠지만 이연실이 부른 〈목로주점〉을 영화의 배경음악쯤으로 생각하고 흥얼거리게 된다. 영화는 두 남자로 인해 불우한 삶을 살아가는 한 여인의 슬프고 아픈 이야기다.

첫 동거남은 남매를 낳고도 여자만 밝히는 바람둥이, 정식 남편은 술주정꾼, 주인공은 그 와중에서 만난 남편의 친구를 진정으로 사랑하지만 그와 그의 아들의 행복을 위해 떠나보낸 다. 여주인공은 떠나가는 연인 부자를 기차역 모퉁이에서 숨 어서 바라보며 "내 인생을 짓누르는 고통 때문에 그를 보낼 수 밖에 없었다"라고 중얼거린다.

이 영화의 라스트 신은 단연 압권이다. 전남편 격인 동거남 도 떠나고, 남편은 병원으로 들어가고, 연인이었던 남편의 친 구도 가 버리고, 사랑하는 아들마저 어미 곁에 남지 않는다. 목로주점 한구석에서 넋을 잃은 듯 앉아 있는 주인공 곁에는 어린 딸만이 삶의 무게를 지탱해 주고 있었다.

비 오는 주말에 예천 삼강주막을 다녀왔다. 목로주점에서도 비가 쏟아지는 장면이 영화를 더 슬프게 만들더니 슬플 것 하 나도 없는 삼강주막에도 비가 내리니 한결 운치가 있었다. 원 래 비 오는 날은 따신 구들목에 앉아 기름이 동동 뜨는 막걸리

에 파전이나 부추전을 안주로 시간과 너나들이하며 노는 멋도
보통 풍류는 아니다. 막걸리 한 주전자 5천 원, 배추찌짐, 두
부, 메밀묵이 각 한 접시에 3천 원이다. "한 상 주이소"라고 소
리를 지르면 세트로 나와 값은 1만4천 원이다.

　이곳 삼강은 낙동강과 내성천, 그리고 금천이 서로 만나는
곳이다. 예전에는 부산에서 소금배가 올라와 사공과 보부상들
이 이곳 삼강주막에서 진을 치고 기다렸다. 주막 옆에 수문장
처럼 버티고 서 있는 회화나무의 짙은 그늘은 물물교환 장소
로 활용되기도 했다. 때로는 소금 짐을 부리는 인부들의 인력
시장 구실도 톡톡히 하곤 했다.

　사람이 모이는 곳에는 반드시 술이 있고 이야기가 없을 수
없다. 이 주막도 생긴 지가 백 년이 좀더 지났으니 숱한 이야
기들이 일년생 풀꽃처럼 피었다가 시들었을 것이다. 삼강주막
의 주모로 들어앉아 구십 평생을 손님 치다꺼리로 세월을 보
내다 지난 2005년 10월 타계한 유옥연 할머니가 바로 〈목로주
점〉의 주인공인 제르베즈와 같은 존재는 혹시 아닐까.

　현재 기껏 남아 있는 이야기는 할머니가 손님들에게 외상술
을 주고는 혹시 잊어 먹을까봐 부엌 흙벽에 빗금을 그었다는
게 전부다. 과거에 있었던 사실만이 역사는 아니다. 역사학자
E. H. 카는 "역사는 현재와 과거의 끊임없는 대화라고 규정하
고 인간 역사는 관념의 변화에 따라 언제나 다르게 해석될 수
있으며 해석되어야 한다"라고 말한 적이 있다. 바라기는 위대
한 스토리텔러 한 사람이 나타나 삼강주막에 대한 전설 같은

이야기를 꾸며 내고 임권택 감독 같은 이가 그걸 영화로 만들면 삼강주막이 〈목로주점〉과 같은 명화로 거듭날 수 있을 텐데. "삼십촉 백열등이 그네를 타듯" 그렇게.

민어 울 때 달구경

"숭어가 가장 어렸을 때는 모치라고 부르고/ 좀더 자라면 참동어라고 부르고/ 그보다 더 자라면 홀떡백이라고 부른다./ 민어의 어렸을 적 다른 이름은 감부리/ 좀더 자라면 통치라고 한다.(중략)/ 이제라도/ 누가 나를 다른 이름으로 불러다오/ 전혀 다른 삶에 도전할 수 있도록/ 제발 나의 이름을 다르게 불러다오/ 숭어나 민어처럼."(김상현의 시 「민어나 숭어처럼」)

여름, 바야흐로 민어철이다. 민어는 여름 보양식으론 단연 으뜸이다. 옛 사람들은 경상도 사람들이 최고로 꼽는 보신탕을 삼품, 바닷가 사람들이 선호하는 도미탕을 이품, 사대부들이 즐겨 먹었던 민어탕은 일품 자리에 올려놓았다.

민어는 귀족이다. 몸 전체에서 풍기는 미끈한 멋이 범접하기 어려운 카리스마를 지니고 있다. 사람의 가치를 신언서판으로 저울질했듯이 민어도 그렇게 한번 따져 보자. 몸집이 우람하여 듬직하고, 비린내가 나지 않는데다 가시가 적어 씹는데 번거롭지 않으며, 마지막으로 어느 것 하나 버릴 게 없고 맛이 있다. 이만하면 정일품의 자리가 아니라 주상의 보좌에

63

앉아도 꿀릴 것이 없다.

경상도 사람들은 민어를 잘 모른다. 동해에선 잡히지 않기 때문이다. 서해 임자도, 재원도 쪽에서 잡히는 민어는 주로 서울로 올라가고 교통이 불편한 곳으로 보낼 물량이 없다. 그래서 경상도 사람들은 갈치, 고등어, 가자미, 돔베기를 오랜 세월 동안 즐겨 먹었다. 경상도 사람이 생전에 민어 맛을 봤다면 택한 백성으로 축복받았다고 말할 수 있다. 음식깨나 밝히고 다니는 도반들 중에도 민어를 맛본 적이 없는 이들을 위해 대구시내 도심의 목롯집에서 민어 파티를 연 적이 있다. 지금 그 이야기를 하려 한다.

나는 어릴 적 개떡도 배부르게 먹지 못하고 자랐지만 민어회를 먹으러 목포의 영란횟집을 그동안 세 번이나 다녀왔다. 이 소식을 산에 누워 계시는 어머니가 들었으면 벌떡 일어나셨다가 깜짝 놀라 다시 돌아가셨겠지만 이건 사실이다. 오로지 민어회를 목표로 목포에 간 것이 아니라 남도여행길에 이왕이면 다홍치마란 말대로 '간 김에 민어회나 맛보고 가자'는 제의에 '얼쑤' 하고 따라간 것뿐이다.

지난해 겨울 일생스쿠버 팀들이 4박5일 여정으로 제주를 거쳐 추자도에 들어간 적이 있다. 마침 추자도는 5일 동안 비바람이 몰아쳐 횟집의 수족관은 텅 비어 있었다. 도착한 날 저녁을 짜장면으로 때우고 다음날 아침 "목포로 나가 민어회나 먹고 가자"라는 데 의견이 모아졌다.

민어 이야기가 나오자 궁궐민박(064-742-3832) 안주인이 끼어들어 한마디 거든다. "우리 배도 민어와 돔을 잡으러 다니는데 대구 가서 민어 먹고 싶으면 연락해요." 민어의 목을 따 피를 빼내고 얼음을 채워 하루 정도 숙성시키면 횟감으로 일품이란다.

보름쯤 뒤 추자도에 전화를 했더니 "맞춤한 민어가 있다"라는 기쁜 소식이 들려왔다. 다음날 1미터가 넘는 민어 한 마리가 택배로 도착했다. 목포에서의 민어회 한 접시가 4만5천 원인데 단돈 10만 원으로 열댓 접시를 썰고도 탕거리가 덤으로 떨어지는 횡재를 했으니 우리 팀은 당첨복권 한 장을 긁은 셈이다.

도반들에게 먼저 연락을 하고 칼을 갈고 모임 장소인 태화식당(053-257-6083·대구시 서야동)에 예약을 하는 등 북치고 장구치고 나 혼자서 부산을 떨어야 했다. 모두 십여 명이 모였다. 삶아 빤 수건으로 민어의 몸을 깨끗하게 닦아낸 후 회를 뜨기 시작했다. 민어는 두툼하게 썰어야 제맛이 난다. 도반들은 빨리 썰어 주지 않는다고 빈 젓가락을 입에 물고 아우성이다.

부레와 껍질은 살짝 데쳐 얼음물에 재빨리 담갔다가 끄집어내야 쫄깃쫄깃하다. 회 뜨고 남은 대가리와 뼈는 무와 마늘만넣고 그냥 백탕을 끓인다. 옛날 사대부 집에선 쇠고기와 무를 끓인 육수에 쌀뜨물을 좀더 보충하여 미나리를 넣고 끓인 '민어감정'이란 탕국을 즐겼지만 경상도 사람들은 그런 레시피를알 까닭이 없다. 민어 한 마리를 열 명이 실컷 먹었는데도 회도 남았고 탕도 남았다.

소원이 있다면 올여름에는 재원도 바닷가 민박집 마당에 앉아 산란하러 올라온 민어들의 '꺽꺽' 하며 우는 소리를 들으며 향기로운 술 한잔 마시고 싶다. 달이 뜨면 더욱 좋고.

대관령 휴양림에서

계곡의 물소리가 듣고 싶었다. 큰비가 오고 난 뒤 '콸콸콸' 하며 쏟아지는 그런 계류성(溪流聲) 속에 갇히고 싶었다. 볼륨을 높인 음악도, 숲 속의 새소리는 물론 벌레들의 사랑하는 소리조차 들리지 않는 계곡의 소리 향연에 초대받은 귀빈이 되고 싶었다.

옛날 다산 선생은 소나기 올 때 벗들을 불러 모아 술과 안주를 싣고 세검정에 있는 폭포에서 떨어지는 물보라를 구경하러 나선 적이 있다. 그 폭포수는 비가 그치면 금세 잦아들기 때문에 빗속을 뚫고 말을 달려가지 않으면 소나기 올 때의 빼어난 경치와 천둥치는 듯한 굉음을 들을 수 없었다고 한다.

대구는 세검정처럼 소나기 올 때 폭포 구경하기가 그리 쉽지 않다. 물소리가 그리우면 지리산, 가야산, 소백산이 제격이지만 장마 끝에 팀을 구성하기란 여간 어려운 일이 아니다. 그래서 차선책이 비가 개는 즉시 시집 한 권 들고 팔공산 폭포골이나 수태골의 물소리 명당을 찾는 길밖에 없다.

기회가 오지 않는다고 가만히 앉아 있으면 안 된다. 그럴 땐 생각 속에 도사리고 있는 마음에게 타임머신을 타고 과거를 향해 심속(心速)으로 달려가자고 명해야 한다. 가고 싶은 계곡의 물소리를 찾아 들메끈을 조여 맬 필요도 없이 마음이 시키는 대로 달려가면 된다.

어느 해 여름 지리산 칠선계곡 입구 추성동의 개울가 민박집에서 하룻밤 묵은 적이 있다. 저녁때까지 말갛던 하늘에 갑자기 구름이 몰려오더니 폭우가 쏟아졌다. 석이(石耳)볶음을 안주로 술 한잔 거나하게 마신 후 잠자리에 들었지만 계곡 물속에서 바위 덩어리들이 굴러가는 소리 때문에 밤새도록 잠을 설쳐야 했다. 양철지붕을 때리는 빗소리와 '우렁우렁' 계곡이 우는 소리 속에 보낸 하룻밤은 지금도 잊지 못할 추억으로 오롯이 남아 있다.

팔공산의 비 오는 풍경과 계곡의 물소리도 일품이다. 지금은 철거됐지만 동화사 입구 계곡 왼쪽에 있던 달빛여관에서 들리는 물소리도 가히 반할 만하다. 골짝골짝에서 쏟아져 내려오는 계류수가 이곳에 도달하면 '팔공 필하모닉'이라 불러도 좋을 오케스트라로 바뀐다.

계곡의 맨 갓 방에 누워 잠을 청하면 쇼팽의 〈빗방울〉 전주곡이 빗속에서 환청처럼 들린다. 그 빗방울이 굵어지면 뉴 에이지 뮤지션 야니(Yanni)의 〈더 래인 머스트 폴(The rain must fall)〉에 나오는 흑인 여성연주자 캐런 빈즈의 바이올린이 뿜어내는 강렬한 빗소리로 바뀌면서 절정을 이룬다.

해마다 계곡 물소리 듣기는 여름숙제였다. 올해는 강릉의 대관령 휴양림에서 일찌감치 끝을 냈다. 전국 수필의 날 행사가 이곳에서 열린 것이다. 어스름께 휴양림에 들어서자마자 계곡에서 들려오는 전주곡이 예사롭지 않았다. 숲 속의 다람쥐 방을 숙소로 배정받았다. 그게 마침 계곡 바로 옆이어서 옆 사람의 말소리가 들리지 않을 정도였다.

오랜만에 듣는 계곡의 물소리는 명창의 판소리 한마당보다 더 큰 감동으로 다가왔지만 소나무 가지 사이에서 숨바꼭질하는 음력 유월 보름달은 그 감동 위에 살짝 얹어 놓은 고명처럼 맛과 멋을 동시에 풍기고 있었다. 도저히 올 것 같지 않은 잠도 계곡이 연주하는 자장가를 이겨 낼 수는 없었다. 계곡의 물소리가 좀 자지러지는가 싶으면 하나님의 물뿌리개가 소낙비를 뿌려 주어 꿈속에서도 주렴발처럼 내리는 폭우 속을 헤매야 했다.

비가 그친 아침이다. 정신이 말짱하고 개운하다. 숲 속 바위 위에 지은 집에서 자면서 밤새도록 물소리를 들었기 때문이다. 영혼에 끼어 있던 묵은 때가 내시경 검사 전의 대장 청소하듯 말끔하게 씻겨 나갔나 보다. 휴양림에서 닦아 놓은 산책길을 둘러보러 길을 나선다. 길옆에는 산수국 군락이 함초롬히 젖어 아침햇살을 받은 이슬방울들은 보석처럼 영롱하다.

백여 년 된 금강송 사이로 '휘이' 하며 솔바람이 불어온다. 왕거미 한 마리가 과녁 같은 거미줄을 쳐 놓고 엎드려 염불을 외고 있다. 코끝에 와 닿는 공기가 싸하다. 소나무 숲 사이사이엔 산안개가 피어올라 이곳을 선경이게 한다. 무릇 운무(雲

69

霧) 속에 살고자 하는 사람은 결국 입산한다는데. 어쩌나, 계곡의 물소리 좋아하고 연하벽(煙霞癖)이 심한 나 같은 사람을 늦깎이 동승(童僧)으로 받아 줄 암자는 어디 없을까.

달마가 남쪽으로 온 까닭

미황사는 아름다운 절이다. 우리나라 전체 사찰 중에서 가장 멋진 곳을 정하라면 두말하지 않고 미황사를 꼽을 작정이다. 구체적인 조건을 조목조목 들 수 있지만 그것보다는 마음이 그렇게 끌리는 것이 어쩔 수 없는 첫째 이유다.

해남 미황사 외에 승주 선암사, 부안 내소사, 강화 전등사, 고창 선운사, 영주 부석사, 완주 화암사, 안성 청룡사 등도 기회가 있을 때마다 가 보고 싶은 절집으로 마음이 당긴다. 내가 좋아하는 사찰은 앉은 터와 생김새도 물론 중요하지만 그 속에 보석 같은 이야기가 숨어 있다. 요즘은 스토리텔링 시대이기도 하지만 절집에 걸맞은 이야기가 있다는 것은 사찰탐방의 묘미를 더해 준다.

가람의 미학적 구도와 속으로 간직하고 있는 내공을 헤아려 볼 때마다 나는 여인을 떠올린다. 사찰과 여인을 서로서로 대입해 보면 잘생겼는지 못생겼는지를 쉽게 알 수 있다. 미모보다는 전체적인 멋스러움도 둘을 서로 대비하는 과정에서 정확하게 짚어 낼 수 있다.

미황사는 등 뒤에 달마산이란 정말 빼어난 산을 망토처럼 두르고 있다. 달마산 줄기는 박음질하지 않은 청바짓단 같은 들쭉날쭉한 바위능선이 하늘을 가린 채 이어져 있어 아무도 쉽게 범접할 수 없는 카리스마를 지니고 있다. 양반 가문에서 터를 잡을 때 배산임수를 중시하듯 미황사 역시 제대로 된 풍수를 갖춰 뼈대 있는 가문임을 은근하게 과시하고 있다.

왕관처럼 생긴 달마산 스카이라인에는 밤마다 달이 뜨고 별들은 저마다 맡은 소임대로 은하수 저 너머에서 은빛가루를 뿌린다. 미황사 대웅전은 화장기 없는 민낯이다. 미모에 자신 있는 여인들은 '생얼'에 루주만 살짝 바른 후 스카프 하나만 두르고 멋을 내듯 이곳 법당도 그런 여인과 흡사하다. 대웅전 바깥벽은 단청이 비바람에 씻겨 나무의 속살이 그대로 드러나 있는 맨얼굴이지만 살가울 정도로 아름답다. 지붕을 떠받치고 있는 배흘림기둥의 나뭇결들이 실핏줄까지 내보일 정도로 투명하여 만지는 것 자체가 부담스럽다.

이렇게 아름다운 외모에 신화 같은 창건설화가 받쳐 주고 있으니 더욱 멋지다. 신라 때 돌로 된 배(石船) 한 척이 땅끝마을 앞바다에 나타났다. 배 안에는 금으로 된 사람(金人)이 노를 잡고 있었으며 경전과 불상이 담긴 금함과 검은 소 한 마리가 있었다. 그날 밤 의조화상의 꿈에 배 안의 금인이 나타나 "소 등에 경전과 불상을 싣고 가다가 소가 멈추는 곳에 절을 지으면 불교가 흥왕할 것"이라고 일러 주었다.

배에서 내린 소는 의조화상 일행과 길을 걷다가 달마산 중

턱에서 한 번 넘어지고 한참 가다가 크게 울면서 주저앉더니 다시 일어나지 못했다. 의조화상은 처음 넘어진 곳에 통교사란 절을 짓고 두 번째 자리에 미황사를 세웠다. 미황사에는 금인과 석우(石牛)의 설화를 입증해 줄 만한 유물은 남아 있지 않다. 그러나 미황사에는 한국 불교의 해로(海路) 전래설을 뒷받침할 만한 흔적들이 대웅전 기둥 밑 덤벙주추에 뚜렷하게 남아 있다.

미황사 대웅전 주춧돌은 아주 특이하다. 자연석에 그랭이질을 하여 기둥을 앉혔는데 그 주춧돌에 게와 거북이 그리고 문어와 물고기 등 바다 생물들의 문양을 돋을새김으로 새겨 놓은 것이다. 미황사에 들린 탐방객들은 법당 안의 부처님에게 예불부터 드리지 않고 가이더의 설명이 떨어지자마자 "그게 어디야"하면서 주춧돌의 문양들을 해독하느라 바쁘다.

나는 남도여행중에 해남을 지나칠 때마다 미황사에는 꼭 들르려고 노력하고 있다. 그만치 아름다운 절, 미황사를 사랑한다는 말이다. 이번 늦여름에 목포 일대를 떠돌다가 도반들을 설득하여 미황사를 오랜만에 들르게 된 것은 행운이었다. 마침 점심때가 지났는데 밥을 먹을 장소가 마땅찮아 "미황사 부근에 가면 맞춤한 정자가 있다"라고 우긴 것이 주효하여 눈이 호사를 누리는 계기가 되었다.

미황사를 샅샅이 둘러보고 서정리로 내려왔다. 마을회관 앞 바깥마당에 서 있는 정자는 우리 일행을 기다렸다는 듯 뙤약볕에 고추를 말리고 있었다. 이날 아침 암태도 선착장에서 배를 타고 압해도로 건너와 송공어시장에서 산 참돔회를 정자 위에 펼쳐 놓았더니 그야말로 진수성찬이었다. 술 몇 잔이 얼굴에 홍조를 띠울 무렵 우리나라 최남단에 정좌하고 있는 달마산에 농을 걸고 싶었다. "달마가 남쪽 끝자락으로 온 까닭은 무엇인지요."

돼지 국물

술이 떨어지면 처량해진다. 마시던 술을 더 이상 마실 수 없게 되면 애통하고 슬퍼진다. 장거리 산행중 배낭 속에 넣어간 술이 모자랄 경우에는 쉽게 포기할 수 있다. 갈 길이 먼데다 가게 있는 곳까지 내려가려면 올라올 길이 막막하기 때문이다.

주변 친구들이 맘에 들어 한창 술이 당길 때 외상을 주지 않는 낯선 술집에서 돈이 없어 술을 더 마시지 못하게 된다면 이처럼 난감한 일은 없다. 이 상황은 슬프긴 한데 눈물은 나지 않는다. 눈물 대신 '씨부랑탕!' 하고 욕이 튀어 나온다. 찌그러진 막걸리 주전자를 발로 차고 싶고 서 있는 전봇대를 밭다리 후리기를 해서라도 넘어뜨리고 싶은 그런 심정이다.

슬픔의 종류에는 여러 가지가 있다. 어머니의 임종, 연인과의 이별, 예고 없는 실직, 강아지의 죽음 등등. 손가락으로 꼽으라면 모자라 발가락이 동원되어야 하겠지만 대체로 구분하면 단순 슬픔과 복합 슬픔으로 나눌 수 있을 것 같다. 그걸 다르게 표현하면 눈물이 나오는 슬픔과 욕이 나오는 슬픔으로 나눌 수 있다. 슬픔의 미학을 꽤 재미있게 해부한 결과라면 남들이 웃지 않을까.

가난한 화가 빈센트 반 고흐가 창녀 크리스틴의 축 처진 젖
가슴이 드러난 알몸을 스케치한 후 '슬픔(sorrow)'란 제목을 붙
였다. 일본의 여류 작가 에쿠니 가오리는 "이 세상에서 가장
슬픈 풍경은 도쿄 타워에 비가 내리는 것"이라고 쓴 적이 있
다. 두 사람 모두 자신의 슬픔을 창녀의 알몸과 비 맞은 탑에
투영시켜 예술로 승화시켰다. 그러나 아무리 생각해 봐도 술
을 마시고 싶은 간절한 소망이 좌절되었을 때의 슬픔과는 비
교가 되지 않는다.

자, 슬픔의 현장으로 달려가 보자. 대학 일학년 여름이었던
가. 친구 넷이 모여 호주머니를 다 뒤져 봐도 돈은 달랑 백 원
뿐이었다. 당시 염매시장 돼지국물집 막걸리 한 잔 값이 십 원
이었던 시절이다. 흥정을 잘하는 얼굴 두꺼운 친구가 백 원을
미리 내고 막걸리 열두 잔을 마시기로 합의를 보고 각자 석 잔
씩 마셨다.

평생 살아오면서 술이 떨어져 처량해진 경우를 당한 적이
한두 번 아니다. 그러나 이날만은 영영세세 잊히지 않는 국치
일 같은 날로 지금도 생생하게 기억하고 있다. 그때 우린 술을
마신 지가 얼마 되지 않은 풋내기들이었지만 주량으로 따지면
막걸리 두어 되는 마셔야 술트림이 날 정도였다.

안주라고는 시어 빠진 먹다 남은 김치 쪼가리와 소금을 친
돼지국물뿐이었지만 쉽게 엉덩이가 떨어지지 않아 뭉그적거
리며 앉아 있었다. 막걸리 낱잔으론 술이 턱없이 모자라 입맛

만 쩍쩍 다시고 있어도 '뚱보 아지매'라 부르면 딱 맞을 장구 통같이 생긴 여주인은 낡은 부채로 파리를 잡는다고 허공에 대고 헛손질만 하고 있을 뿐 우리를 향해 눈길 한 번 주지 않았다.

친구 넷 중 아버지가 없는 아이는 나뿐이었으나 셋은 아버지가 계셔도 집을 나갔거나 중풍이 들어 거동이 불편한 있으나마나 한 그런 처지였다. 우린 가난 속에서 몹시 허기져 있었고 고기를 먹어본 지가 모두들 오래된 듯했다.

우리가 막걸리를 마시며 훌쩍거리던 그 돼지국물 속에 썰다 남은 돼지비계 한 모타리(뭉치)라도 넣어 줬다면 그동안 수십 년 세월이 흐른 지금 이 시각에도 그 여주인을 기억하고 있을 것이다.

만약 그렇게 했다면 우린 그 주인의 복스럽게 생긴 통통하게 살찐 손을 향해 "한 이백 년 정도 사시라"라는 진정어린 축원기도를 올렸을 텐데. 단언하거니와 그날 만났던 뚱보 아지매는 우리의 축원이 얹어 주는 장수는커녕 사주에 얹어 준 제 수명대로 살지 못하고 디룩디룩한 살집만 앞세우고 일찍 이승을 떴으리라.

요즘도 장거리 여행이나 유적답사를 갔다 늦게 돌아오는 날은 돼지국밥집을 찾아간다. 국밥과 함께 막걸리가 나오면 나만의 의식을 엄숙하게 거행한다. 애국가와 국기에 대한 경례는 생략한다. 먼저 간 선열들의 묵념 순서에는 뚱보 여주인을 떠올리며 '오등은 자에 아 그날 돼지비계 한 모타리 어쩌구 저

쩌구'란 내가 지은 '돼지국물선언문'을 기미독립선언문처럼 읊조리며 잠시 고개를 숙인다.

바람기 많은 달

달은 바람기가 많다. '휘영청'이란 낱말만 봐도 달이 감추고 있는 속뜻을 알 만하다. '휘영청'이란 달의 수식어는 무엇을 갈구하는 여인네의 낭창낭창한 가녀린 허리곡선을 연상시킨다. '휘영하다'는 말은 뭔가 허전하다는 뜻이다. 허전하여 무엇을 갈구하는 마음은 반드시 만족하도록 채워 주어야 한다. 그 허전함을 채우는 방법은 이성의 따뜻한 손길밖에 없다.

해는 양이고 달은 음이다. 둘 다 누드인 채로 우주 공간을 지키고 있다. 그러나 해는 강한 빛을 쏘아 어느 누구도 바로 쳐다보지 못하도록 살짝 맨몸을 가리고 있지만 달은 자신의 육체를 자랑스럽게 드러내고 있다. 물속에서 발가벗고 목욕하고 있는 달을 보고 '물은 알몸의 달을 숨겨 주려고 물결을 이루며 혼란스럽게 아롱거리고'라는 시가 있다. 달은 누가 보든 간에 자신을 받아주는 곳이면 그곳이 계곡이든, 호수든, 술잔이든, 눈동자 속이든 무한 질주를 감행한다. 그건 순전히 타고난 달의 바람기 탓이다.

달은 몸을 숨겨 주려는 사소한 것들의 호의가 싫어 아예 자

신의 이마에 물결무늬 자국을 지니고 달빛을 따라 길을 떠난
다. 그래서 달은 음력 칠월과 팔월 보름인 백중과 추석 때 자
신을 가리려 떼거리로 몰려오는 먹구름은 치를 떨어가며 증오
한다. 달은 자신의 누드를 때론 화려하게, 더러는 우수에 젖은
채 보여줌으로써 사람들이 바라만 보아도 부풀어 오르는 추억
이 되게 한다.

　바람기의 속성은 변하는 것이다. 바람이 한 곳에 머물 수 없
듯 바람기 또한 무엇 하나에 집착하지 못한다. 이쁜 여자가 바
람이 나면 수많은 사내가 패가망신하게 된다. 그러나 바람기
많은 달이 보름달에서 반달이 되고 다시 초승달과 그믐달로
바뀌면 시가 둥지를 틀고 문학이 깃을 치게 된다.

　달을 노래하면서 보름달의 '휘영청'에 너무 집착하면 안 된
다. '동산 위에 뜬 둥근달'이나 '낮에 나온 반달'보다는 '아침
에 잃어버린 화장대 위의 속눈썹이 초저녁 하늘에 걸려 있는
초승달'로 노래를 바꿔 부를 수 있어야 한다. 소설가 나도향은
「나는 그믐달을 사랑한다」는 산문에서 이렇게 말했다. "그믐
달은 요염하여 감히 손을 댈 수도 없고, 말을 붙일 수도 없이
깜찍하게 예쁜 계집 같은 달인 동시에 가슴이 저리고 쓰리도
록 가련한 달이다. 내가 만일 여자로 태어날 수 있다면 그믐달
같은 여자로 태어나고 싶다."

　말이 나온 김에 내 나름의 풍류학을 풀어내 보자. 풍류의 삼
대 요소는 시주색(詩酒色)이며 풍월수(風月水)는 배경이다. 옛
선비들이 풍류를 즐길 요량으로 자리를 잡으면 붓을 들고 시

를 짓고 술이 한잔 거나해지면 기생들이 풍악을 울린다. 그런 자리는 대체로 물가의 정자이거나 바람이 이는 강 주변에 달이 떠 있는 곳이다.

예로부터 지금까지 문인묵객들이 짓고 그린 수많은 글과 그림 속에는 시주색 풍월수(詩酒色 風月水)가 빠진 적이 없다. 이백의 '월하독작(月下獨酌)'이란 시에서는 달과 술 그리고 그림자가 한데 어우러져 멋진 풍류를 연출하고 있다. "꽃나무 사이에서 한 병의 술을/ 홀로 따르네 아무도 없이/ 잔 들고 밝은 달을 맞으니/ 그림자와 나와 달이 셋이 되었네./ 달은 술 마실 줄을 모르고/ 그림자는 나를 따르기만 하네."

또 혜원 신윤복의 〈월하정인(月下情人)〉이란 그림은 등 뒤의 기와집에서 밤새도록 뜨거운 정을 나눈 남녀가 초승달이 뜬 새벽녘에 이별하는 장면이다. '두 사람의 마음은 두 사람만이 안다(兩人心事兩人知)'는 제발과 주례 격으로 떠 있는 실눈같은 초승달이 그림의 격을 한결 높여 준다.

서해 여행을 하다가 새만금을 지나 부안의 나비펜션(063-583-0165)에서 하룻밤을 잔 적이 있다. 저녁을 먹고 난 후 테라스에 간단한 주안상을 차렸다. 외박하고 들어온 누이처럼 퉁퉁 부은 음력 열이틀 날 달이 얼굴을 내밀고 "흥이 제법이네" 하고 한마디 거들었다. 그날 밤 달은 수묵과 같은 구름을 시녀처럼 거느리고 있었지만 술판이 끝날 때까지 한 번도 구름자락에 휘감기는 법이 없었다. 술이 떨어지자 시 한 수로 빈 홍취를 메울 수밖에 없었다. "테이블의 손님이 일어설 줄 모

르므로/ 젊은 여주인은 달 위에 올라앉아 미끄럼을 탄다."(김
종태 시인의 「하현달」 중에서)

고향은 황홀하다

토요산방 도반들은 토요일에 산에 간다. 눈비가 와도 가고 햇볕이 쨍쨍해도 간다. 회원 여럿 중에서 둘만 모여도 가고 셋이라도 간다. 자연 속에 도(道)가 있다고 믿기 때문이다. 죽자 살자 산에만 가는 것은 아니다. 한 달에 한 번쯤은 바다에도 가고 축제가 열리는 곳을 찾아가기도 한다.

지난주에는 한절골 얼음축제장에 다녀왔다. 축제현장은 안동시 길안면 대사리 천지갑산 밑 길안천 한밤보 절벽 아래 강가이다. 이곳은 볕이 들지 않는 음지로 겨울 들어 한 번 언 얼음은 쉽게 녹지 않는 곳이다. 한절골 생태마을추진위 회원들이 작년부터 뜻을 모아 얼음축제를 열고 있다.

날씨가 추워지자 한밤보 절벽에 호스로 물을 끌어올려 높이 70미터의 빙벽과 눈꽃을 만들기 시작했다. 그리고 넓은 강바닥은 빙판을 조성하여 다양한 겨울놀이를 즐길 수 있도록 체험공간을 만들었다. 이 프로그램을 위해 이 마을 남녀노소를 막론하고 모든 이들이 참여하여 한 번 다녀간 사람이면 겨울마다 찾아올 수 있도록 온갖 정성을 기울이고 있다.

강바닥에는 경운기에 엔진을 단 얼음기차가 밧줄에 엮인 여덟 개의 썰매를 달고 매운바람을 뚫고 세차게 달린다. 마치 여름 바다의 바나나보트처럼 맴을 돌면 썰매들은 360도 회전하고 타고 있는 사람들의 함성이 터져 나온다. 이런 기차가 3개나 있으니 한절골 강변은 임시 간이얼음역이 되는 셈이다. 역장을 비롯한 기관사와 역무원은 마을 어른들과 청년들이 맡는다. 요금은 어른 5천 원, 어린이 3천 원.

강변에는 앉은뱅이 스케이트 대여장도 있다. 만 원을 주고 하나를 빌리면 실컷 타고 난 후 반납할 때 5천 원을 내준다. 대여료가 5천 원인 셈이다. 그 스케이트를 보니 문득 어릴 적 생각이 나 '한번 타 볼까' 하고 맘을 내다가 내 나이가 욕심을 내는 나를 보고 쯧쯧 하고 혀를 차며 "육갑 떨지 말고 그만두지 그래" 하고 말린다. 그렇지만 자꾸만 눈에 밟혀 뒤돌아 보인다.

그 스케이트를 보는 순간 길안천 한밤보는 간 곳이 없어졌다. 어느새 나는 과거를 향해 달리는 타임머신을 타고 고향의 거랑(川)에서 앉은뱅이 스케이트를 타고 달리는 겨울 소년으로 변해 있었다. 초등학교 3학년쯤 되었을까. 성난 어머니의 얼굴이 얼음판 위에 언뜻언뜻 비쳤지만 빙판의 유혹을 떨쳐 버릴 수는 도저히 없었다.

어머니가 아무리 "공부 좀 해라"라고 윽박질러도 마음은 거랑에 가 있었다. 그땐 내의도 옳은 게 없었다. 어머니는 솜으로 누빈 두루마기 같은 것을 내의 대신에 입혀 주셨다. 그 두루마기 내의는 용변을 볼 때도, 또 스케이트를 탈 때도 불편하고 부자유스러웠다. 얼음을 지칠 땐 두루마기를 밖으로 끄집어내고 타야 제대로 속력을 낼 수 있었다. 그러니까 아랫자락은 놀이가 끝나면 항상 젖어 있었고 불을 피워 말려야 집으로 돌아갈 수 있었다.

하루는 해거름에 동구 밖에서 나를 부르는 어머니의 목소리가 들려왔다. "빨리 안 들어오고 뭐하노"란 음성 속에는 잔뜩 노기가 서려 있었다. 오늘 저녁은 그냥 지나가기가 어려울 것 같은 예감이 머리를 스쳤다. 급한 김에 두루마기를 빨리 말리려다 불꽃 쪽으로 너무 가깝게 댄 것이 화근이었다. 작은 쟁반 크기만큼 불에 타 버려 그걸 끄느라 손가락까지 벌겋게 달아올랐다. 가출을 생각한 것이 그때가 아마 최초가 아니었나 싶다.

겨울철 앉은뱅이 스케이트 타기는 마약이었다. 두루마기를 벗어 버리고 겉옷만 입고도 거랑으로 달려 나갔다. 모처럼 집으로 돌아온 아들을 다시 절로 돌려보낸 한석봉의 어머니처럼 그렇게 무서운 어머니였지만 때리면 맞고 이판사판 심정이었다. 그러다가 사고가 생겼다. 스케이트는 모두 우리 손으로 직접 만든 것이었다. 스케이트 날 격인 굵은 철사는 방천의 돌덩이를 얽어 놓은 철망을 차돌멩이로 두들겨 끊어 온 것이었다.

며칠 뒤 저녁 무렵, 앞집의 부면장님이 나를 오라고 하셨다. '무슨 심부름을 시키시겠지' 하고 갔더니 대뜸 "이놈, 방천둑에 철사를 끊어 수겟또 만들었제?" 하고 다짜고짜 고함을 지르셨다. 나는 "잘못했습니다" 하고 빌지도 못하고 부들부들 떨고만 서 있었다. "수겟또 이리로 가져 온나" 그것이 끝이었다. 그날 이후 마약 같았던 빙판놀이를 끝내지 않을 수 없었다. 부면장님의 호통이 어머니의 작품이란 걸 안 것은 몇 년이 지나서였다.

나는 이날 토요산방 도반들과 한절골 얼음축제에 다녀온 게 아니었다. 까까머리 소년이 되어 잠시 고향에 가서 두루마기 한 자락을 태워 먹고 온 것이다. 그래, 고향은 이렇게 황홀하다.

기차는 8시에 떠나네

낚시 연륜이 꽤 오래되었다. 네 살 되던 해 아버지의 상여가 나가던 날, 마침 비가 온 다음날이어서 고향집 앞 봇도랑에 물이 흘러가고 있었다. 너무 어린 나이여서 아버지께서 세상을 버린 것이 하나도 슬프지 않았다. 혼자 대나무 막대기에 실 한 파람을 묶어 바늘 없는 낚시질을 하고 있었다. 아버지 소천(김天)일을 내 낚시 역륜의 출발시점으로 잡으면 몇십 년 전인지 너무 멀어 까마득하다.

나는 낚시를 좋아한다. 낚시뿐 아니라 고기 잡는 것 자체를 좋아한다. 민물낚시와 바다낚시를 두루 해 보았다. 민물낚시는 붕어낚시가 일반적이지만 루어낚시와 피라미낚시가 역동적이어서 무척 재미있다. 바다낚시 중에서는 도다리 배낚시에 미치기도 했고 감성돔을 낚기 위해 추자도를 비롯하여 남해의 유명 포인트를 돌아다니기도 했다. 낚시 외에도 투망질은 물론 배터리치기, 해머치기, 사발문이, 통발놓기 등 별의별 짓을 다 하고 다녔다.

헤밍웨이 소설 『노인과 바다』를 읽고 낚싯배를 타고 달리며 청새치 같은 큰 고기를 한번 잡아 봤으면 하고 소원해 봤지만 그건 한갓 꿈이었다. 동해에는 청새치가 살지 않을뿐더러 그런 큰 고기를 낚을 장비와 낚싯대를 파는 가게조차 없다. 고인이 된 영화배우 최무룡은 방어철이 되면 신나게 달리는 모터보트를 타고 울릉도 근해에서 트롤낚시로 큰 방어를 잡았다.

여름철 울릉도에 갈 때마다 유명 영화배우가 자주 즐겼던 '끄심바리낚시'라 부르는 트롤낚싯배를 얻어 타 볼까 하고 여기저기를 기웃거려 봤지만 그런 행운은 돌아오지 않았다. 그래서 청새치의 꿈은 아예 포기해 버렸다. 그러나 스펜서 트레이시가 산티아고 영감 역으로 나오는 〈노인과 바다〉란 영화는 몇 번을 보았는지 손가락이 약간 모자랄 지경이다.

그러다가 "구룡포만에 방어 떼가 들어왔다"라는 소식을 풍편에 듣고 몇몇 후배들과 함께 생각할 겨를도 없이 달려갔다. 증권이 그렇고 부동산이 그렇듯 "경기가 좋다"라는 말을 듣고 달려들면 막차이듯 방어 떼도 똑같았다. 이틀 전만 해도 낚아 올린 방어를 정부미 포대에 담았다던데 놈들은 삼바축제에 참가한 발가벗은 미녀들처럼 악대를 앞세우고 거리를 한 바퀴 돌고는 사라져 버린 후였다.

바다 위에는 삼바가락의 나팔소리 한 조각도 남아 있지 않았다. 문득 아그네스 발차란 여가수가 부른 〈기차는 8시에 떠나네〉란 애수에 젖은 노랫가락이 떠올랐다. "이제는 밤이 되어도 당신은 돌아오지 못하리. 기차는 멀리 떠나고 나만 역에 홀로 남았네"란 애절한 비음 섞인 목소리가 귓가를 맴돌 뿐이었다. 아그네스가 부른 노래에 이렇게 가사를 바꿔 불러도 될 것 같았다. "방어 떼는 떠나고 병신 같은 우리만 방파제에 서 있네."

성이 최씨로 기억되는 선장이 "내일 아침 일찍 나가면 많이 잡을 수도 있을 거야"란 유혹에 훌렁 넘어가 당일치기가 1박2일로 늘어졌다. 갯가 식당의 방 한 칸을 빌려 소주판을 벌였다. '혹시'는 '역시'로 곧잘 연결된다. 그 '혹시'가 '대박'으로 연결되기란 몹시 어려운 일이다. 왜냐하면 '혹시'란 놈은 존재의 가벼움이 깃털과 같은 놈이다. 그 가벼운 존재는 항상 불가능이란 바위벼랑에 붙어 있어 바람이 불지 않아도 언제 날아갈지 모르는 위험한 것이다.

이튿날 새벽 출조도 '역시'로 끝났다. 우린 갯가 사람들이 횟거리로 취급하지 않는 삼치다랑어라는 뚱뚱하고 못생긴 고기 세 마리를 잡았을 뿐이다. 마침 선장의 친구가 커다란 대물 삼치 한 마리를 헐값에 넘겨주는 바람에 싱싱한 삼치회로 늦은 아침을 포식할 수 있었다. 도시 사람들은 삼치라고 하면 삼치구이만 생각하지만 낚시에 걸린 삼치를 바로 회를 뜨면 그 맛이 기가 막힌다. 함께 먹던 사람들이 여럿 죽어나가도 모를 정도다. 기름기 많은 생선인 고등어, 꽁치, 갈치 등을 회로 먹으면 가히 문화재급이라고 칭송할 만하다.

구룡포 낚시 이후에도 끄심바리낚시에의 도전은 몇 번 더 계속됐지만 조과는 영 시원치 않았다. 그날 이후 『노인과 바다』에 나오는 산티아고 영감과 그의 풋내기 조수 마놀린이란

89

소년도 나의 기억 속에서 점점 멀어지기 시작했다. 한 마디로 "헤밍웨이여, 안녕. 최무룡도 굿바이"였다. 나의 낚시장 안에는 굵은 낚싯줄에 납덩이가 달려 있는 재래식 끄심바리낚시 도구가 "바다에는 언제가요" 하고 물어 오지만 나는 대답을 하지 않고 있다.

놀라운 은총

가거도를 떠올리니 "지이산(智異山)이라 쓰고 지리산이라 읽는다"는 이병주의 소설 『지리산』의 첫 구절이 생각난다. 이곳 섬사람들은 소흑산도(小黑山島)라 쓰여 있어도 가거도(可居島)라 읽는다. 해남사람들도 대흥사를 대둔사로 읽는다. 일제 때 일본사람들이 정한 이름은 '죽어도 쓰기 싫다'는 일종의 지명개명 거부운동의 일환인 셈이다.

가거도는 1800년경 나주 임씨들이 정착한 후 섬의 경관이 너무 아름다워 가가도(嘉街島 또는 可佳島)로 명명했다. 그러다가 1847년경부터 샘물과 생선과 약초가 많아 살아 보니 가히 살 만하다 하여 가거도로 이름을 바꿨다고 한다. 일본의 식민정책 일환으로 행정지명이 변경될 때 소흑산도로 불렸으나 주민들은 소흑산도란 말은 아예 입에 담지 않으려고 한다.

이 섬은 우리나라 최남서단에 위치한 외딴섬이다. 목포에서 직선거리 145킬로미터, 뱃길로는 126마일(233km, 승선시간 4시간) 떨어져 있다. 그러나 중국은 불과 80여 킬로미터 밖이어서 상하이에서 새벽 닭 우는 소리가 들린다고 할 정도이다.

"너무 멀고 험해서/ 오히려 바다 같지 않는/ 거기/ 있는지조차/ 없는지조차 모르던 섬/ 쓸 만한 인물들을 역정 내며/ 유배 보내기 즐겼던 그때 높으신 분들도/ 이곳까지는/ 차마 생각 못 했던(중략)/ 멋있는 사람들이 사는 살 만한 땅.(조태일의 시 「가거도」 중에서)

마을이래야 대리, 향리, 대풍리 등 단 세 개뿐이지만 신안군에서 가장 높은 산인 독실산(639m)을 주산으로 품고 있으니 그야말로 '작은 거인'이란 말은 가거도를 두고 한 말이다. 가거도를 멀리서 보면 바다 복판에 떠 있는 일엽편주 같기도 하고 바람 앞의 등불 같기도 하다. 태풍이 가거도를 정면으로 치고 나가면 많은 인력과 엄청난 돈을 들여 쌓아놓은 방파제가 맥없이 무너지고 만다. 태풍 피해는 몇 년마다 한 번씩 치르는 해걸이 행사지만 주민들은 결코 낙담하는 법이 없다. 무너질 때마다 다시 쌓고 쌓아 가히 사람이 살 만한 가거도로 일궈 간다.

1980년대까지 이곳 주민들은 1,600여 명이었지만 지금은 삼분의 일 수준인 500여 명이 섬을 지키며 살아간다. 사람들은 떠나갔지만 고기들은 예나 지금이나 태고의 바다를 그대로 지키고 있다. 가거도는 바닷고기들의 낙원이요, 낚시꾼들의 천국이다. 해마다 겨울이면 돔 중의 돔인 감성돔이 낚시꾼을 유혹하고 여름철에는 어른 팔뚝보다 더 굵은 농어와 돌돔들이 운수 좋은 날은 무더기로 잡히기도 한다.

어릴 적부터 산을 함께 다녔던 친구 몇몇이 모여 점심을 먹는 자리에서 "이번 여름에 어디 먼 바다 쪽으로 한번 나가 보자"라는 제의가 불씨가 되어 불과 보름 만에 결실을 보게 됐다. 대원은 8명, 일정은 4박5일, 행선지는 가거도였다. 대원들의 면면들은 평생 산과 물에서 놀고 즐기는 것을 직업처럼 해 온 명인 내지 달인에 가까운 친구들이었다. 그중에는 77에베레스트 원정대의 박상열 등반대장을 비롯하여 스킨스쿠버 강사, 스키 강사, 동굴 탐험가, 난(蘭)전문가 등이 두루 섞여 있었다.

전문가일수록 별 말이 없고 불평도 없다. 새벽 출발시간에 확실한 행선지를 모르는 친구도 배낭을 메고 나와 있었다. "야, 너 어디 가는 줄 알고 나왔노?" "바다 간다메." 그게 다였다. 우린 목포에서 출발하는 가거도행 남해 프린스호를 타려고 시간 맞춰 달려갔지만 배는 떠나 버린 뒤였다. 예정에 없었던 목포에서의 일박은 유달산 밑에서 잤는지 삼학도에서 잤는지 그건 잘 모르겠다. 그런 것은 크게 중요하지 않다.

다음날 아침, 배에 오르니 낚시가방을 무겁게 멘 낚시 가게 주인이 꾸벅 인사를 한다. 그는 대뜸 "민박집은 정했느냐"라고 물었다. 전화로 예약했다니까 당장 취소하고 자기네들이 묵는 곳으로 같이 가잔다. 긴 항해 끝에 멀미 기운을 앞세워 선착장에 내리니 물빛은 옥빛이 적절하게 혼합된 수채화 그대로였고 하늘도 바다 색깔을 닮아 가고 있었다.

바닷가 민박집에 도착하니 식탁 위에는 농어회가 굵직굵직하게 썰어져 접시 가득 담겨 있었다. 친구들은 웬 횡잰가 싶어 소주잔 부딪칠 겨를도 없이 회를 입으로 끌어넣기 바빴다. 이렇게 맛있는 자연산 농어회를 실컷 먹을 수 있다니 이건 행운이 아니라 하나님에게 감사를 드려야 할 '놀라운 은총(Amazing Grace)' 그 자체였다.

맹인나라에선 애꾸가 왕

가을비 내리는 산길을 달린다. 평화의 댐으로 가고 있는 중이다. 그동안 평화의 댐은 말로만 들었지 가 보지 못한 곳이다. 내게 있어 그곳은 육지 속에 은밀히 감춰져 있는 미지의 섬이었다. 평화의 댐은 욕망의 자전거에 앉아 페달을 힘껏 밟고 있는 사람들이 우악스럽게 만든 성(城) 같은 존재였다. 이런 얄팍한 상식이 내 마음속에 걸려 있는 깃발처럼 항상 흔들리고 있었다.

사실이 그랬다. 평화의 댐은 전두환 대통령 시절에 정권의 위기를 극복하기 위한 대응 조치의 일환으로 장세동 안기부장의 주도하에 기획된 거대한 물막이 공사였다. 이유도 그럴듯했다. 북한이 금강산댐을 붕괴시켜 엄청난 양의 물을 하류로 내려 보내면 "63빌딩 중턱까지 물이 차오르게 되며 북한은 이를 악용해 88올림픽까지 방해할 수도 있다"라는 것이었다.

"맹인들 나라에선 애꾸가 왕(In the country of the blind, the one eyed man is king)"이란 말이 있다. 수공(水攻)이 무엇인지, 댐에 갇힌 물이 아래로 쏟아질 때의 위력을 상상조차 할 수 없었던 백성들은 정부의 엄포에 주머니를 털었다. 심지어 어린 이들까지 그들이 갖고 싶은 것을 가지려고 꿈을 퍼 담던 돼지 저금통까지 물폭탄 공포에 질려 평화의 탑 앞에 헌금으로 내 놓았다.

애꾸 왕은 두려움 때문에 갖는 존경의 법칙과 '어둠이 빛을 깨닫는 데는 시간이 걸린다'는 것을 악용하여 공사대금의 상당 부분을 국민성금으로 대체했다. 물론 모금 과정에 횡령 사례가 발생하기도 했고 댐의 위치 선정은 한국전력 직원 1명의 독단으로 정해지는 과오도 있었다. 그런데 문제는 댐의 규모와 저수량에 엄청난 착오가 빚어져 설계 변경과 재시공으로 엄청난 예산을 낭비해 가며 겨우 마무리 지었다.

이로 인해 애꾸 왕이 시민단체들로부터 사기와 공갈 혐의로 고발당했으나 권력의 시녀 격인 사법부로부터 무혐의 처분을 받았다. 그러나 댐 건설을 지지하고 공사계획에 참여했던 선우중호 서울대 총장은 북한의 수공 위협이 과장되었음이 밝혀지자 학생들에게 사과하기도 했다.

이 글을 쓰고 있으니 정치인의 필독서인 마키아벨리의 『군주론』에서의 몇 구절이 생각난다. "군주는 모든 좋은 성품을 구비할 필요는 없다. 구비한 것처럼 보이는 것이 반드시 필요하다. 군주가 그러한 성품을 갖추고 늘 가꾸는 것은 해롭지만 갖추고 있는 것처럼 보이는 것은 매우 유용하다." 단순하게 말하면 정치가가 지켜야 할 자질은 속임수가 첫째이니 속이지 않는 것처럼 속이는 것을 밥 먹듯이 하라는 그 말이다. 지난

대선 선거운동에서도 마키아벨리 선생의 말씀을 네가티브 전략으로 원용하면서 하나님의 말씀보다 더 열심히 따르는 후보들을 보았다.

앞서 '두려움과 존경'의 법칙을 말한 적이 있다. 두려움은 항상 처벌에 대한 공포로 유지되기 때문에 정권을 지키는 데는 백성들에게 두려운 의식을 심어 주는 게 필수다. 마키아벨리는 다시 말을 이어간다. "권력자는 두려움을 느끼는 자보다는 사랑을 원하는 자에게 주저 없이 위해를 가하려고 한다. 왜냐하면 인간들은 이해타산에 밝기 때문에 이익을 취할 기회가 있으면 사랑 같은 것은 헌신짝처럼 버린다. 그렇기 때문에 위정자는 무턱대고 민주적으로 하려 들지 말고 짓누르는 것이 훨씬 유리하다." 그리고 보니 평화의 댐을 기획한 애꾸 왕 일당들도 『군주론』은 읽었나 보네.

추적대는 가을비를 맞으며 평화의 댐을 둘러보고 내려오는 산길은 노란 은행잎들이 융단처럼 깔려 있었다. 두 눈은 아름다운 낯선 풍경에 경이롭게 취해 가고 있었지만 머릿속에서는 한때는 대국민 사기극이었다는 지탄을 받았던 평화의 댐에 관한 묘한 아이러니가 지워지지 않고 계속 상상을 불러일으키고 있었다. 두 번에 걸친 공사를 통해 길이 601미터 높이 125미터 저수량 26억 3천만 톤의 댐으로 거듭나 북한의 수공 위협에서 벗어날 수 있다는 관점에서 재평가 작업이 거론될 정도이다. 그러니까 평화의 댐의 공은 마키아벨리 선생의 국부론 덕인지 애꾸 왕의 혜안(?) 덕인지 좁은 소견으론 알 길이 없다.

"현명한 군주는 신의를 지키는 것이 불리하게 작용할 때 그 약속을 지켜선 안 된다. 인간이란 원래 신의가 없기 때문에 당신 자신이 그들과 맺은 약속에 구속되어선 안 된다." 정치하는 인간들의 공약(公約)이 한갓 공약(空約)으로 끝나는 이 허망함의 당위가 『국부론』이란 책에 이미 기록되어 있었으니 속이고 속는 게임은 영원으로 이어질 것 같다. "맹인나라에선 애꾸가 왕"이란 말은 진실에 가까운 사실이다.

메뚜기 잡아 보낸 범공 스님

산행에서 돌아오는 길에 황금들판을 만났다. 잘 익은 벼들이
건들마에 출렁이고 있었다. 나의 의식은 바로 고향으로 달려
간다. 어린 소년으로 다시 태어나 서툰 낫질을 하다 손가락을
베이고 논둑에 앉아 새참을 먹으며 이마에 밴 땀을 훔치기도
한다.

그날 밤 메뚜기를 잡는 꿈을 꾸었다. 뒷배미 논에서 손잡이
가 짧은 채집망으로 잡은 놈들을 강아지풀 꿰미에 꿰어 들고
다니다가 나중엔 한데 묶어 허리춤에 차고 다녔다. 그러다가
자꾸만 숫자가 불어나 주체할 수가 없게 되자 갑자기 화면이
바뀌면서 메뚜기 떼가 사막의 모래바람처럼 몰려와 눈을 뜰
수 없을 지경에 이르렀다. 메뚜기들의 공격을 피하려고 양팔
을 휘저으며 헛소리를 하다 말고 잠에서 깨어나니 등에 식은
땀이 흘러내렸다.

황금들판이 고향의 추억을 불러와 메뚜기를 잡게 하더니 끝
내 펄벅의 소설 「대지」에 나오는 중국 대륙의 벌판에서 메뚜
기 떼의 습격을 받고 말았다. 작가는 "메뚜기 떼는 남쪽 하늘

에 검은 구름처럼 지평선 위에 걸려 있더니 이윽고 부채꼴로 퍼지면서 하늘을 뒤덮었다. 세상이 온통 밤처럼 캄캄해지고 메뚜기들이 서로 부딪치는 소리가 천지를 진동했다. 그들이 내려앉은 곳은 잎사귀는 볼 수 없고 졸지에 황무지로 돌변했다"라고 묘사하고 있다.

흘러가는 무의식 같은 의식이 지배하는 시간여행은 참으로 재미있다. 시공의 제약을 받지 않으니 가히 종횡무진이다. 꿈을 꾸고 나니 갑자기 메뚜기볶음이 먹고 싶었다. 연전에 새벽시장 난전에서 메뚜기를 팔러 나온 시골 아낙의 모습을 본 것 같은 기억이 떠올라 아내를 채근하여 몇 번이나 나가 보았지만 허탕만 치고 말았다.

요즘 새벽시장에 반짝하고 나왔다 사라지는 메뚜기는 금값이다. 작은 됫박 하나에 일금 4·5만 원이니 마리당 가격이 일이백 원 정도다. 그렇다고 농약을 뿌리지 않는 유기농 벼단지를 찾아가 직접 잡을 수는 없는 형편이고 보면 꼭 맛을 봐야 한다면 비싼 대가를 치를 수밖에 없다.

천재 작가 전혜린의 산문집에 이런 이야기가 있다. 작가는 독일에 부임하러 온 외교관을 마중하기 위해 장미 한 다발을 들고 공항으로 나간다. 그는 장미를 받아 가슴에 한 번 안아보고는 "이걸 우리 집으로 좀 보내 줘요" 하고는 총총히 떠난다. 그녀는 그 길로 우체국으로 달려가 꽃을 서울로 부친다. 도착했을 땐 드라이플라워가 되어 있었다.

젊은 날 이 글을 읽고 '세상에 이렇게 멋진 사람들도 있는

가' 하고 감탄한 적이 있다. 집으로 보내 달라는 사람도, 그걸 곧이곧대로 보내는 사람도 모두가 멋쟁이다. 나도 이런 멋을 부려 가며 인생을 살고 싶었지만 부덕의 소치로 멋 한 번 부려 보지 못하고 오늘에 이르렀다.

그런데 이게 웬일인가. 경기도 양평에서 텃밭 가꾸는 재미에 푹 빠져 있는 친구에게서 전화가 왔다. "집사람은 메뚜기 잡으러 갔고 나는 고구마를 캐고 있어. 택배로 좀 보내 줄게." "고구마는 놔두고 메뚜기만 보내. 안 그래도 메뚜기가 먹고 싶어 새벽시장에 나가 봤지만 못 샀어." 다음날 택배 아저씨와 문자 메시지가 거의 동시에 도착했다. "메뚜기는 마누라가 잡은 거고, 밤은 주은 거고, 고구마는 심은 거야. 잘 먹어."

혼자서 메뚜기의 날개를 떼어내고 뒷다리 톱날 부위를 제거하는 등 한참 동안 부산을 떨었다. 초벌구이가 된 놈들을 포도씨 기름으로 볶다가 소금 간을 한 후 참기름을 두르니 최고급 술안주가 되었다. 막걸리 한 초롱을 마시며 아까워서 두 숟갈 정도만 먹고 꽁꽁 묶어 싸 두었다.

백암산 백양사 단풍맞이 트레킹이 이틀 뒤에 예정되어 있었다. 우리 부부는 영천굴 코스를 돌아 계곡의 너럭바위 위에 점심상을 차렸다. 내 눈에는 메뚜기볶음 요리와 와인 외엔 아무것도 보이지 않았다. 잔을 들기 전에 친구에게 전화를 걸었다. "여기 백양사 계곡인데 메뚜기 안주로 술 한잔 하네, 고마워." "택배 보내고 나니 냉장고 안에 전에 잡아 뒀던 메뚜기가 또 있는데, 마저 보내 줄게."

세상은 이렇게 아름답다. 장미 한 다발로 한껏 멋을 부릴 수도 있고, 이렇게 메뚜기 한 움큼으로 행복의 나라로 갈 수 있으니. 메뚜기 천사의 아호는 '텅 비어 있다'는 범공(凡空)이다. 스님 아닌 스님이다.

무엇이 되어 다시 만나랴

시인 김광섭의 「저녁에」란 시는 절창이다. 그 시를 읽고 사무치는 그리움을 그림으로 표현한 것이 수화(樹話) 김환기의 〈어디서 무엇이 되어 다시 만나랴〉라는 명화다. "저렇게 많은 별 중에서/ 별 하나가 나를 내려다본다/ 이렇게 많은 사람 중에서/ 그 별 하나를 쳐다본다/ 밤이 깊을수록/ 별은 밝음 속에 사라지고/ 나는 어둠 속에 사라진다/ 이렇게 정다운/ 너 하나 나 하나는/ 어디서 무엇이 되어/ 다시 만나랴."

"무엇이 되어 다시 만나랴"라는 구절은 이별을 해 본 이들은 저마다 소리 죽여 고함지르고 싶은 함성이다. 이 구절의 속사정을 예리하게 지적한 우스갯소리가 있다. "첫사랑 연인이 잘 살면 배 아프고, 못 살면 가슴 아프고, 같이 살자면 머리 아프다." 딱 맞는 말이다. 그래서 이 구절은 회상의 언덕 저 너머에 있는 희미한 옛 사랑의 그림자를 반추하는 헌시에 불과하다.

나는 서해 신안군 안좌도에서 김 화백을 만났다. 이미 죽은 사람이라고 못 만날 리가 없다. 기억으로 만나고, 흔적으로 만나고, 그리움으로 만날 수 있다. 화가의 생가인 안좌도 읍동리

103

에서 그리 멀지 않은 곳에 민박집을 정한 후 바닷바람이 코끝에 닿는 감촉이 너무 산뜻하여 밖으로 나왔다.

하늘에는 별들의 잔치가 벌어지고 있었다. 시골의 별들은 어두운 밤이 되어야 겨우 모습을 드러낸다. 별들은 밤마다 모여 은하를 이루고 갈 길이 바쁘면 별똥별이 되어 미끄럼을 탄다. 나는 별들 틈에서 서성대는 화가를 그렇게 만난 것이다.

화가는 뉴욕 생활에 권태가 깃들 무렵 「저녁에」란 시를 읽고 깜짝 놀란다. 잊고 있었던 고향을 찾은 것이다. 그는 큰 캔버스(172×232)를 끄집어내 점을 찍기 시작했다. 화가는 점 속에 바다를 그린 것이다. 화가는 하루 16시간씩 바다를 그리며 "내가 그리는 점들이 총총히 빛나는 별만큼이나 했을까. 눈을 감으면 더 환해지는 우리 강산, 뻐꾸기 노래를 생각하며 종일 푸른 점을 찍는다"라고 중얼거렸다.

화가 옆에는 아내 김향안(본명 변동림)이 시녀처럼 따르고 있었다. 그녀는 원래 천재 시인 이상의 아내였다. 경기고녀와 이화여전 영문과를 다닌 신여성 중에서도 뛰어난 재원이었다. 스무 살 때 여섯 살 많은 이상과 결혼했으나 사 개월 만에 요절하고 말았다. 이상이 죽고 난 후 "결혼 사 개월 동안 낮과 밤이 없이 즐긴 밀월은 월광(月光)으로 기억할 뿐"이라며 "황홀한 일생을 살다간 27년은 천재가 완성되어 소멸되는 충분한 시간이었다"라고 말했다.

그녀는 칠년 뒤 세 딸의 아비인 화가와 재혼하면서 허물을 벗듯 이름을 변동림에서 김향안으로 바꿨다. 변동림일 때는 시인 이상에게, 김향안일 때는 화가 김환기에게 모든 걸 바쳐 예술적 영감을 불어넣은 뮤즈(Muse)였다. 장안의 사람들은 시인 뮈세와 음악가 쇼팽 등 연하의 남자만을 골라 사랑한 조르주 상드에 비견하곤 했다. 상드도 본명은 오로르 뒤팽(Aurore Dupin)이었다.

김향안은 여섯 살 연상인 이상과 사 개월, 네 살 위인 김환기와는 삼십 년을 함께 살았다. 상드는 소설가였지만 김향안은 수필가, 화가, 미술평론가였다. 쇼팽과 이상은 둘 다 폐결핵 환자였다. 상드는 인후결핵을 앓고 있는 쇼팽을 발데모사 수도원으로 데리고 가 헌신적인 간호를 했다. 쇼팽은 상드를 기다리며 수도원 양철지붕에 떨어지는 빗소리를 피아노로 받아 적어 유명한 〈빗방울 전주곡 15번〉을 작곡하기도 했다. 그러나 상드는 쇼팽을 헌신짝처럼 버려 건강과 음악의 샘을 동시에 마르게 했다. 뮈세 역시 어긋난 사랑 탓에 퇴폐의 늪에 빠져 비참하게 생을 끝냈다. 쇼팽은 39세에, 뮈세는 44세에 이승을 떴으나 상드는 72세까지 살았다.

안좌도 하늘 위에서 수군거리는 별들의 중매로 화가를 만난 지가 얼마 된 것 같지 않은데 하늘이 가까이 내려와 있었다. 별 하나가 내게 말을 걸어 왔다.

"화가의 생가에 와 봤으니 그들이 누워 있는 수향산방(樹鄉山房, 樹話와 鄕岸의 합성)에도 한번 가 봐야지. 뉴욕의 웨스트 체스터 묘원이야."

나는 대답하지 않았다. 그들은 무덤 속에서 유심초의 노래 〈

어디서 무엇이 되어 다시 만나랴〉를 혼성 듀엣으로 부르고 있다는 걸 너무 잘 알기 때문에.

불 꺼진 창

거문도를 떠올릴 때마다 아득하다는 생각이 먼저 든다. 그건 '그립다'와 '가기 어렵다'는 현실이 맞부딪칠 때 혼성 듀엣으로 들려오는 의식의 소리다. 백여 개의 바위 군락인 백도를 끼고 있는 거문도는 육지에서 제주도보다는 분명 가까운 거리에 있다. 그러나 그곳으로 갈 수 있는 교통수단을 떠올리면 두 배나 더 먼 거리로 느껴져 더욱 아득해질 뿐이다.

언뜻언뜻 떠오르는 생각 속에 보고 싶은 것의 그림자가 보일 때 우리는 그것을 그리움이라고 말한다. '언뜻 생각'의 묽고 진한 농도에 따라 그리움은 짙어지거나 옅어질 수도 있다. 대부분의 사람들은 보고 싶은 이의 초상이 뇌리에서 좀처럼 지워지지 않으면 '그 집 앞'을 서성이거나 '불 꺼진 창' 밑에서 〈딜라일라〉를 불러야 한다. 그러나 나의 그리운 상대는 주로 '자연 속의 풍광'이기 때문에 소극적인 방법으론 구제받을 수 없다. 그래서 배낭을 꾸려 들메끈을 졸라매고 길을 나설 도리밖에 다른 방법이 없다.

어릴 적엔 세월이 그렇게 빨리 달아나지 않는다. 세월의 속도 자체를 감지하지 못한다. 그러다가 나이가 들고 아내와 아이가 생기고 얼굴에 주름살이 자신도 모르게 깊어지기 시작하면 세월의 무게와 부피를 느끼게 된다. 그것도 모자라 황혼에 가까워 오면서 서녘의 나무 그림자들이 키를 키워 갈 무렵이면 세월의 속도는 조급함으로 바뀌게 된다.

어린 시절 강둑에서 달리기를 하면 강물의 속도를 따라잡지 못하지만 성인이 되어 다시 그 강둑에서 강물과 뜀박질 시합을 하면 강물이 뒤처지고 주자인 자신이 앞서 있음을 알게 된다. 그래서 20대는 시속 20킬로미터, 60대는 60킬로미터, 80대는 자신이 액셀러레이터를 밟고 있는지, 브레이크를 밟고 있는지도 잘 구분하지 못하면서 과속에 걸려 스티커를 여러 장 끊기게 된다.

서부영화를 보면 황야에서 흙먼지를 일으키며 말을 타고 온 인디언이 갑자기 멈춰 서서 자신이 달려온 먼짓길을 멍하니 바라보고 서 있을 때가 있다. 그건 너무 빨리 달리다 보니 미처 따라오지 못한 자신의 영혼을 기다리고 있는 장면이라고 한다. 나는 내가 앞서 달리고 있는지 아니면 인디언의 영혼처럼 뒤따라가고 있는지도 모른 채 숨 가쁘게 달려와 오늘 이 자리에 서 있다.

황혼이 배경으로 깔린 무대에 서 보니 황야에서 멍하니 흙먼짓길을 돌아보는 인디언처럼 걸어왔던 길이 되돌아보일 때가 있다. 여태 살아오면서 많은 산과 바다 그리고 여러 섬들을 헤집고 다녔지만 아직 안 가본 곳과 한두 번 가본 곳이 '어서 오라'고 손짓을 하고 있다. 그중에서도 거문도가 추억의 갈피에서 가장 먼저 튀어나와 '빨리 달려와 〈딜라일라〉를 불러 보라'고 채근한다.

그리움의 대상이 사람일 경우 그리움의 실체는 영과 육으로 구분지울 수 있다. 정신과 육체는 둘 다 너무 소중하여 어느 것이 먼저라고 우열을 가릴 수가 없다. 육체를 도외시하는 아가페적 사랑은 고귀하긴 하나 너무 싱거워 무덤덤하다. 그러나 육체의 쾌락을 동반하는 에로스적인 사랑은 생명 창조의 근원이긴 하나 때론 무질서 속의 남용이 짜고 맵게 느껴지기도 한다.

음식의 경우도 이와 비슷하다. 사람의 뇌는 '구운 고기와 레드 와인'을 함께 먹었을 때 쾌락을 평가하는 두뇌 부위가 훨씬 활성화된다고 한다. 사람들은 여행과 마찬가지로 음식에서도 변화와 다양성을 함께 추구한다. 16세기 유럽에 고추가 보급되기 시작하자 매운맛이 인체에 그렇게 위험하지 않다는 것을 알게 되면서 음식의 조미료로 고추가 히로인의 자리를 굳히게 된다.

매운 음식을 먹으면 '내인성 아편'이 분비돼 신체가 달릴 때 느끼는 쾌감(Runners High)을 경험할 수 있다고 한다. 그것은 곧 기쁨과 중독의 경계라고 흔히 말한다.

꽤 오래전에 산 친구 몇몇과 거문도에 간 적이 있다. 배를 타고 백도를 한 바퀴 돌다가 심한 풍랑을 만나 널브러진 개구리처럼 초주검이 되어 돌아왔다. 우린 그날 저녁 거문도의 명물 항각구국을 먹기로 했는데 속이 울렁거려 반도 못 먹은 아픈 추억을 가지고 있다. 항각구국은 야생 엉겅퀴를 삶아 팍팍치대 쓴맛을 우려낸 다음 된장에 버무려 싱싱한 갈치국에 넣어 젓국으로 간을 맞춰 끓인 기가 막히는 음식이다.

"샛바람에 혼줄이 났구먼. 이거 항각구국이나 한 그릇 마셔부러, 금시 내려갈 테니께." 벼르다가 아직 못 가고 있는 거문도에를 가야겠다. 그 항각구 식당의 불이 꺼져 있더라도 가서 〈딜라일라〉를 한 곡조 뽑아야겠다.

빈 절터에 서서

절터에 절이 서 있지 않으면 황량하고 쓸쓸하다. 정말 아무것
도 남아 있지 않고 잡초만 무성하다면 쉽게 돌아설 수 있다.
그러나 절은 화재와 전쟁의 포화 등 인고의 세월을 이겨내지
못하고 사라지더라도 그 흔적을 남긴다. 그 흔적들은 불에 타
지 않고 쉽게 삭지 않는 석탑이 주종을 이룬다.

　절이 떠난 빈터를 폐사지(廢寺址)라 부른다. 사지라는 낱말
속에는 슬픔과 아픔이 묻어 있다. 심심한 날 홀로 폐사지에 가
면 사랑했던 이를 떠나보낸 마지막 장소를 찾아간 듯한 착각
에 사로잡힌다. 사람이나 절이나 사라지고 나면 사무치게 그
립고 아쉽고 절절한 법이다. 그건 쓸쓸한 낭만이며 회색빛 로
망이다.

　사랑이 떠나고 나면 마음에 문신이 새겨지지만 절이 없어진
자리에는 왜 석탑이 지표의 표석으로 남는가. 추억 속의 흔적
들이 말끔하게 사라지고 나면 쉽게 잊어버릴 수 있다. 그래야
상처에 새살이 돋듯 다음 행보를 예비할 수 있을 텐데 무엇이
모자라 이렇게 질기게 끌어안고 놓아 주지 않는가. 폐사지에

서 느끼는 쓸쓸한 감정은 가 버린 연인에게서 느끼는 애매모호한 느낌처럼 가슴 한구석의 찌꺼기로 오래오래 남는다.

문화유산답사를 다니면서 웬만한 폐사지는 두루 다녀 보았다. 부여 정림사지, 보령 성주사지, 산청 단속사지, 강릉 신복사지 등은 하나같이 석탑 아니면 하다못해 주춧돌 하나라도 흔적으로 남겨 두고 있었다. 그래서 빈 절터에서 느끼는 공허한 감정은 장소만 다를 뿐 거의 비슷했다.

여러 폐사지 중에서 좀처럼 잊히지 않는 곳이 하나 있다. 그곳은 이북 금강산의 내금강 속 장안사터이다. 내금강 코스를 가기 전에도 봄가을 두 차례나 외금강 코스를 다녀온 적이 있었다. 그러나 정비석의 「산정무한」에 나오는 장안사 터를 꼭 한 번 가보고 싶었다. 마침 기회가 왔다. 온정각에서 버스로 한 시간 이상을 달려야 도달할 수 있는 내금강 코스(장안사지-표훈사-보덕암-묘길상)와 삼일포와 해금강을 둘러보는 코스를 이북에서 어렵게 문을 연 것이다.

예정된 코스를 돌아보고 내려오는 길에 장안사터 앞에 버스가 섰다. 예상대로 법당과 요사채 등은 한국동란 때 폭격으로 몽땅 날아가고 구석에 자그마한 삼층 석탑이 빈 절터를 지키고 있었다. 절 마당에 깔린 찔레 가시덤불을 밟고 탑이 있는 곳으로 다가가니 화강암 피부에는 이끼가 피어 있었다. 문득 손끝으로 전해 오는 석탑의 촉감에서 자칫 눈물로 번질 뻔한 외로움 같은 것이 내 가슴으로 전이되어 왔다.

갑자기 고등학교 국어 교과서에 실렸던 「산정무한」의 글귀가 나도 모르게 읊조려졌다. 시험에 자주 나와 외울 수밖에 없었던 그 대목이 이렇게 장안사터에서 되새길 줄이야. "울며 소맷귀 부여잡는 낙랑공주의 섬섬옥수를 뿌리치고 돌아서 입산할 때에, 대장부의 흉리(胸裡)가 어떠했을까? 흥망이 재천이라. 천운을 슬퍼한들 무엇하랴만, 사람에게는 스스로 신의가 있으니, 태자가 고행으로 창맹(蒼氓)에게 베푸신 도타운 자혜가 천년 후에 따습다. 천년 사직이 남가일몽이었고, 태자 가신 지 또다시 천년이 지났으니, 유구한 영겁으로 보면 천년도 수유(須臾)턴가! 고작 칠십 생애에 희로애락을 싣고 각축(角逐)하다가 한 움큼 부토로 돌아가는 것이 인생이라 생각하니, 의지 없는 나그네의 마음은 암연히 수수(愁愁)롭다."

하버드대 종교철학자 폴 틸리히 교수는 외로움의 종류를 이렇게 구분 지은 적이 있다. "혼자 있는 즐거움은 솔리튜드(solitude)이며, 혼자 있는 고통은 론리니스(loneliness)다." 그러면 장안사 삼층 석탑이 안고 있는 외로움은 고통일까, 즐거움일까. 해답이 떠오르지 않아 '버스가 떠난다'는 호각 소리가 들릴 때까지 탑 옆에서 서성이고 있었다.

키 작은 꼬마처럼 생긴 석탑이 돌아서는 내 귀를 잡고 이렇게 말했다. "어떤 아픔은 쾌락이고, 어떤 고통은 통증인 것쯤은 알지." 어라. 석탑이 선문답(禪問答)을 하네. 그때 갑자기 "사랑하는 이에게 순결을 바칠 때의 통증과 강간당할 때의 통증은 근본적으로 다르다"라는, 미국의 작가 멜러니 선스트럼이 『통증 연대기』에서 한 말이 생각났다.

아하. 깨우침은 이렇게 한순간에 오는구나. 이끼 낀 석탑 큰 스님에게서 한 자락 깨달음을 얻고 나니 고함이라도 지르고 싶었다. 오, 론리니스!

빗길 삼십 리 걷다

봉화의 석포역−승부역 간 삼십 리 눈길은 환상적인 코스다. 재작년에 다녀오고 난 뒤 그 감흥이 너무 커 '다시 가 봐야지' 하고 별러 왔지만 실행에 옮기지 못했다. 대구는 매년 눈 같은 눈이 내리지 않는 아주 삭막한 곳이다. "강원과 서해 쪽에 폭설이 내리고 있다"라며 텔레비전에서 아무리 호들갑을 떨어도 이곳 하늘은 항상 말갛다.

아침 뉴스에 "저녁부터 전국에 눈 아니면 비가 온다"라고 했다. 마침 일생스쿠버 모임의 신년회 자리에서 석포−승부 간 눈길 걷기 이야기가 나왔다. 쇠뿔은 단김에 빼듯 내일 새벽에 떠날 회원들에게 미리 회비부터 걷고 임무가 배당되었다. 아침은 찰밥, 점심은 떡국, 저녁은 라면, 안주는 돼지 족발 두 접시와 소고기 갈비살 구이, 그리고 반찬은 각자 한 가지씩으로 정하고 나니 만사형통이었다.

이 길에는 식당이나 가게가 없고 식수조차 귀하다. 새벽 열차를 기다리는 여섯 도반들의 배낭 무게가 만만찮다. 차림을 보니 폭설에는 대비한 듯한데 장대비가 내린다면 속수무책으

115

로 맞을 수밖에 없을 것 같다. 기다리는 눈은 내리지 않고 빗방울이 차창에 빗금을 긋고 있다. 옷을 벗은 나무들도 날씨가 너무 푸근하여 벌써 봄기운을 느끼는지 가지마다 푸른빛을 띠고 있다. 눈 오기는 틀렸나 보네.

석포역에 내리니 빗방울이 굵어지고 있었다. 다운파카 위에 비옷을 껴입고 덧모자를 눌러쓰고 걷는다. 석포제련소에서 뿜어내는 매캐한 냄새가 기분을 잡치게 만든다. 빠른 걸음으로 산모롱이를 돌아가니 신선한 바람이 불어와 코끝이 상쾌하다. 오른쪽 골짜기 안의 높은 산에는 폭설이 내렸는지 수묵 산수가 하얗게 걸려 있다.

산행을 할 때 무겁게 느껴지는 짐도 한 시간쯤 걷고 나면 별로 무겁게 느껴지지 않는다. 그것은 숙달, 타성, 망각의 순으로 이어지기 때문에 다만 느끼지 못할 뿐이다. 이럴 땐 환경이 주는 압박감을 잊고 무상무념 상태로 그저 앞만 보고 걸어야 한다. 짐의 무거움과 내리는 비의 칙칙함이 느껴지지 않을 만큼 부처님 마음이 되어야 주변의 풍광이 보이고 살아 있음에 대한 환희에 젖게 된다. 이 얼마나 아름다운 일인가.

한번 젖은 돌은 두 번 젖지 않듯이 우리는 비 오는 길옆에 소박한 술상을 펴고 젖은 잔디를 깔고 앉았다. 족발 한 접시에 금강산 유람 다녀온 도반이 꺼낸 들쭉술의 궁합이 어찌나 잘 맞는지 여분의 족발까지 '마파람에 게 눈 감추듯' 날아가고 말았다.

점심은 지난번에 왔을 때 봐 두었던 석포면 소천리 승부길

638 김복순 씨(당시 63) 집 앞 비닐하우스에서 먹기로 하고 계속 걸었다. 그런데 한 가지 걱정이 생겼다. 그때 그녀에게 사다 주기로 약속했던 목 긴 장화를 갖고 오지 않은 것이다. 그녀는 외로움에 찌들어 건강이 좋지 않은 외딴집 노파였다.

"할머니 계세요" 하고 문을 열었더니 낯선 할아버지가 "전에 살던 할매는 죽었소" 한다. 우리가 다녀간 것이 2010년 1월이었으니 5개월 뒤에 세상을 떠난 것이다. 장화 약속을 못 지킨 것이 못내 죄밑이 되어 "허, 그것 참"을 연발하며 후회를 조금 전부터 끓고 있는 떡국에 말아 먹을 수밖에 없었다.

인생은 이렇게 단순하다. 문틈으로 빠져나가는 담배연기처럼 생명은 기다릴 것도, 그리워할 것도, 사랑할 것도, 아무것도 없다. 눈보라 속에 눈길을 걷고 싶었던 우리의 소망은 때 아닌 빗방울 소나타 연주로 무참히 깨어지고, 장화를 갖고 갈 때까지 기다리리라 믿었던 가냘픈 목숨도 이미 사라져 그것이 남은 생애의 작은 회한으로 남는다.

펑펑 눈이 내리면 술 한잔 앞에 놓고 김춘수 시인의 「샤갈의 마을에 내리는 눈」을 도반들 앞에서 낭송하려 했는데 온종일 추적대는 비에 대한 예의가 아닐 것 같아 적어 온 쪽지를 찢어 버렸다.

"샤갈의 마을에는 3월에 눈이 온다. / 봄을 바라고 섰는 사나이의 관자놀이에 / 새로 돋은 정맥이 / 바르르 떤다. / 바르르 떠는 사나이의 관자놀이에 / 새로 돋은 정맥을 어루만지며 / 눈은 수천수만의 날개를 달고 / 하늘에서 내려와 샤갈의 마을의 / 지

붕과 굴뚝을 덮는다. / 3월에 눈이 오면/ 샤갈의 마을의 쥐똥만
한 겨울 열매들은/ 다시 올리브빛으로 물이 들고/ 밤에 아낙
들은/ 그 해의 제일 아름다운 불을/ 아궁이에 지핀다."

여류화가의 연애론

수덕여관은 버림받은 여인들이 한을 풀어놓는 곳이다. 예산 수덕사 입구에 있는 이곳은 마음에 깊은 상처가 없는 이들은 드나들지 못할 정도로 회한의 뿌리가 깊은 곳이다. 우선 시인으로 이름이 널리 알려져 있던 일엽 스님이 그렇고 스님의 친구이자 동갑내기인 화가 나혜석의 족적은 근세의 전설로 남아 있다. 또 여관의 주인이자 화가 고암(顧菴) 이응로의 본부인인 박귀옥 여사의 한을 풀어 놓으면 아무도 감당하지 못할 것 같다.

『문화유산답사기』를 쓴 유홍준은 수덕사를 이야기하면서 일엽 스님과 박귀옥 여사의 한은 간단하게 설명하고 있다. 그러나 이 여관에서 정작 드라마보다 더 드라마틱하게 살다 무연고자 병동에서 외롭게 숨진 나혜석에 대해선 취급품목이 아니란 듯 외면하고 있다.

나혜석은 신바람 같은 자유여성이다. 도쿄여자미술학교에 유학하면서 오빠 친구인 게이오대생 최승구와 열애중 그가 결핵으로 죽었지만 그를 잊지 못한다. 24세 때 부유한 집안의 김

119

우영과 결혼하면서 죽은 연인의 무덤 앞에 비석을 세워 줄 것을 조건으로 내걸었다. 그녀는 연인의 고향인 전남 고흥으로 신혼여행을 가서 뜻을 이룬다. 나혜석은 그런 여인이다.

그녀는 아들딸 둘을 낳은 뒤 남편과 함께 세계일주 여행에 올랐다가 잠시 파리에서 남편과 헤어져 홀로 머문다. 그곳에서 파리를 방문하는 천도교 교령 최린을 만나 '사랑은 눈으로 오고, 술은 입으로 오듯' 첫눈에 빠져들고 만다. 독일에서 급거 파리로 날아온 남편이 아내의 불륜을 확인한 후 3년 뒤 결국 갈라서고 만다.

귀국 후 나혜석은 "이혼의 비극은 여성해방으로 예방해야 한다"라는 파격적 칼럼을 『삼천리』지에 싣고 "육과 영이 분리된 사랑이 능히 있을 수 있다"라며 자신의 행위가 정당했음을 주장하기도 했다. 또 「이혼 고백장」이란 글에서는 "정조는 도덕도 법률도 아무것도 아니요, 오직 취미다. 밥 먹고 싶을 때 밥 먹는 것과 같이 임의용지(任意用志)로 할 것이오, 결코 마음의 구속을 받는 것이 아니다"라며 여성 일방적 정조관념을 통렬히 비판하기도 했다.

그녀는 자신의 글을 반박하는 잡지사 기자에게 자신의 솔직한 심사를 털어놓기도 했다. "연애하는 순간에는 아무것도 생각나지 않는 거야. 나는 지금도 그 생각만 하면 미칠 것 같아. 육체의 신비를 모르는 것은 연애가 아니야. 서로 눈동자만 바라보고 앉아서 좋기는 뭣이 좋아, 수박 겉핥기지. 이 세상에서 하고 싶은 것을 못하는 사람같이 바보는 없을 거야." 참으로 안타까운 것은 나혜석이 너무 일찍 태어난 것이다. 온 동네 방네 모텔이 들어서 있고, '묻지마 관광'이란 섹스 이삭줍기가 관광버스 안에서 이뤄지고 있고, 간통죄는 있으나마나한 요즘 세상에 태어났더라면 한발 앞서 달린 그녀의 행위가 그렇게 지탄받지는 않았을 것이다.

그녀는 "조선의 남성 심사는 이상하외다. 자기는 정조관념이 없으면서 처나 일반 여성에게는 그걸 요구하고 남의 정조를 빼앗으려고 합니다"란 폭탄선언을 하고는 최린에게 '유부녀 정조를 유린했으니 위자료를 지급하라'는 소를 제기하기에 이른다. 이 소송을 계기로 그녀는 세 아이의 어미란 직분과 화가로서의 인기, 그리고 발랄하고 재기 넘치는 신여성으로서 위상까지 잃고 만다. 나혜석은 결국 수덕사에서 승려가 되기로 자청하고 나섰지만 "너는 중이 될 재목이 아니야"란 한마디로 거절당한다.

나는 연전에 문화유산답사를 함께한 도반들과 예산, 서산, 홍성, 태안 등 이른바 내포땅 일대를 돌아다니다가 수덕여관에서 하룻밤 몸을 의탁한 적이 있다. 한정식에 곁들여 동동주 몇 잔을 마시고 나니 객기가 발동했다. 시중 드는 아주머니께 "칠팔십 년 전 이곳에 몇 년간 살았던 나혜석이란 여류화가가 혹시 어느 방에서 머물렀는지 아세요?" 하고 물어보았다. "우리 어머니도 태어나기 전이어서 잘 모르겠는데유"라는 대답만 돌아왔다.

베개를 곧추세우고 남으로 난 봉창을 향해 누웠으니 흐느끼

121

는 듯한 여류화가의 낮은 목소리가 환청처럼 들려왔다. "나는 파리에 가 죽으련다. 찾을 것도, 만날 것도, 돌아올 것도 없다. 영구히 가자. 과거와 현재가 공(空)인 나는 미래로 가자."

　꿈속에서 혹시 그녀를 만나면 "연애가 그렇게 재미있더냐" 하고 물어보고 싶다.

우수에 젖은 눈빛 여인

세계 3대 진미 음식은 통상 송로버섯(truffles), 거위 간(foie gras), 철갑상어 알(caviar)을 꼽는다. 캐비아는 뷔페식당에서 맛본 적이 있지만 그것이 진짜 철갑상어 알은 아닌 것 같다. 트뤼프와 푸아그라는 아직 보지도 못했으니 진미 음식을 맛본 게 하나도 없다.

송로버섯은 고대 그리스 시대부터 미식가들이 최고로 치는 귀한 음식이었다. 향과 맛이 독특할 뿐 아니라 그게 최음제 효과까지 뛰어났다니까 왕실과 고관대작들 사이에 최고의 인기 품목이었다. 중세 유럽에선 전장에 나서는 군인들이 아내의 아랫도리에 정조대를 채워 두고 떠나야 할 정도로 성문화가 문란했다니 그 틈을 비집고 최음제의 은밀 거래는 크게 성행했으리라.

워낙 채취량이 적어 '땅속의 다이아몬드'로 불렸으며 값 또한 엄청났다. 1.2킬로그램짜리 명품이 경매에서 1억 5천만 원에 팔리기도 했으며 보통 것도 2,500유로(한화 약 300만 원)를 호가하고 있다.

푸아그라(foie gras)는 살찐 간(fat liver)이란 프랑스 말이다. 거위에게 간만 키우는 작업은 눈물겨운 고통이 아닐 수 없다. 300그램의 옥수수 등 사료를 거위의 입속에 강제로 털어 넣고 삼키게 한다. 하루에 3번씩 한 달을 계속하면 거위 간은 보통 것보다 1.35킬로그램 정도 불어나 '간 큰 거위'가 된다고 한다. 이 과정을 가바주(gavage)라 부르는데 당하는 거위에겐 식사가 아니라 고문이자 형벌인 셈이다.

거위 간 굽는 방법은 프라이팬을 달궈 간의 앞뒤를 지진 후 약하게 소금을 치고 브랜디나 코냑을 흩뿌려 주면 멋진 요리가 된다. 이 방법 외에 간을 짓이겨 토스트에 발라 먹기도 하고 수프에 넣어 먹기도 한다.

캐비아는 상어 알에 소금을 쳐 저온으로 숙성시킨 것이다. 흔히 캐비아라고 하면 철갑상어(Sturgeon)의 알로 알려져 있지만 모든 캐비아가 철갑상어 알은 아니다. 그래서 어종의 이름을 캐비아 앞에 붙여 연어 캐비아, 럼피시 캐비아 등으로 부르고 있다. 철갑상어 알인 오세트라 캐비아(Osetra Caviar) 한 통이 80-90달러인데 비해 비슷한 양의 참치와 청어 캔은 불과 3달러인 것을 감안하면 캐비아의 위력이랄까, 카리스마를 짐작하고도 남는다.

세계의 진미를 이야기하면서 중국요리를 빼놓을 수는 없다. 중국에는 수많은 기이한 요리들이 있지만 그중에서도 원숭이골과 제비집 그리고 상어지느러미(삭스핀) 요리를 진미음식으로 꼽을 수 있다.

잠시 삭스핀 얘기를 해야겠다. 나는 어릴 적 보리밥과 개떡조차 배부르게 먹어보지 못한 아픈 가난의 기억을 갖고 있다. 그런데 신참 기자 시절 근사한 중국요리점에서 처음으로 맛본 삭스핀 요리는 '감동'이 아니라 '환장'할 정도였다. 태어나서 처음 맛본 짜장면 맛이 음식에 관한 첫 번째 감격이었다면 삭스핀은 두 번째 감격의 단계를 넘어선 그런 것이었다.

지금도 어쩌다 삭스핀 요리를 먹어보지만 그때 그 맛은 분명 아니었다. 세월이 변하면서 지느러미의 질이 떨어졌는지 아니면 주방장의 솜씨가 옛날 요리의 원형을 찾아내지 못해 그런지 그건 잘 모르겠지만 하여간 혀가 기억하고 있는 그 맛과는 거리가 멀었다.

젊은 한때 꿩 사냥에 미쳐 제주도를 자주 들락거릴 때다. 어느 농장의 농막을 빌려 우리 팀이 공동 숙식을 하고 있었다. 사냥개의 먹이와 반찬거리를 사기 위해 한림읍내 재래시장에서의 장보기가 일과 중의 하나였다, 이른 아침 시장에 나갔더니 상어의 몸통만 잘라가고 대가리와 꼬리 그리고 지느러미 부분만 어판 위에 누워 있었다. 얼른 봐도 황금이나 다름없는 삭스핀 덩어리였다. 조심스럽게 물었다. "이거 개 삶아 주게 가져가도 됩니까." "사냥 오셨소. 2천 원만 주고 가요."

나는 빈 포대에 담아 도망치듯 그 가게를 나왔다. 그날 아침부터 우리 팀은 삭스핀 찌개를 물리도록 먹었다. 사냥개들도 주인이 먹다 남은 것들을 잘도 먹어치웠다. 이실직고하지만 소금과 고춧가루만 넣고 끓인 삭스핀은 별 맛이 없었다.

삭스핀과 같은 진미요리는 피아노 음악이 낮게 연주되는 레스토랑에서 화이트 와인을 앞에 두고 그렇게 먹어야 될 음식이 아닐는지. 우수에 젖은 듯한 눈빛을 가진 여인과 함께라면 더욱 좋고말고. 2천 원짜리 삭스핀 주제에 내가 좀 과했나 붸.

달빛 냄새

물질에서만 냄새가 나는 건 아니다. 느낌에서도 냄새가 난다. "사람 냄새가 난다"라는 말은 그 사람의 체취를 지칭하는 것은 아니다. 그 사람의 따뜻한 정과 순후한 인품을 느낌으로 말할 때 가끔씩 냄새를 차용해 온다. 나는 맘에 드는 절집에 가면 달빛 냄새가 나는 듯한 아름다운 생각을 하게 된다. 절이라고 모두 그런 건 아니다. 인간세상에서 좀 멀리 떨어져 낡은 토기와 사이에 와송과 청이끼가 자라고 있는 고졸미가 흐르는 그런 암자에 가면 달빛 냄새를 맡을 수 있다.

지난 주말 토요산방 도반들과 경주 남산의 칠불암에 올랐다. 그곳은 묘하게도 갈 적마다 사람의 마음을 끄는 마력이 있어 오래 머물고 싶어진다. 그 까닭을 곰곰 생각해 보니 사방불과 삼존불 등 일곱 부처님이 갖고 있는 각기 다른 도력(道力)이 한곳으로 뭉쳐져 신도가 아닌 사람에게까지 '아! 참 좋다'는 생각을 갖게 만드는 것 같다.

칠불암의 일곱 부처님의 모습은 한결같이 온화하고 자애롭다. 천년이 넘는 세월 동안 온갖 풍상을 겪었지만 아이 갖기를 소원하는 아녀자들에 의해 콧등만 베어 먹혔을 뿐 얼굴 모양은 아직도 멀쩡하다. 원래는 보물 200호였으나 연전에 국보 312호로 승격했다.

칠불암에서 오른쪽 가파른 암벽을 타고 올라가면 또 하나의 숨은 보물이 수줍은 미소를 띠고 참배객을 맞는다. 보물 199호인 신선암 마애보살상이다. 이 보살상은 칠불암 위에 직벽으로 서 있는 남쪽 바위에 새겨져 있다. 두 사람이 어깨를 나란히 하고 걸으면 비좁을 정도의 절벽 길을 20미터 정도 걸어 들어가야 한다.

국보인 칠불암은 암자의 마당에 나앉아 있고 보물인 마애보살상은 찾아오기 힘들 정도의 벼랑 끝에 숨어 있다. 그래서 그런지 몰라도 나는 사방불이나 삼존불보다 마애보살상이 더 마음에 끌린다. 아마 칠불암에서 느끼는 달빛 냄새도 이 보살상이 입고 있는 얇고 보드라운 실크 이미지의 천의(天衣)가 바람에 일렁거리면서 바람기 많은 달빛을 붙잡고 놓아 주지 않기 때문이리라.

칠불암은 최근 몇 년 만에 모습이 크게 바뀌었다. 겉모양뿐 아니라 내실까지 다져져 누가 봐도 내공이 단단함을 쉽게 짐작할 수 있다. 그건 부처님의 자비 공덕이기도 하지만 인연의 끈 따라 흘러온 신임 비구니 암주인 예진 스님의 열정어린 노력 덕분이 아닌가 싶다.

스님은 무너져 가는 요사채를 일으켜 세우기 위해 관할 관청을 찾아다니며 남산의 사랑방 격인 칠불암의 복원을 애원하고 다녔다. 그 뜻이 마침내 이뤄져 문화재청과 경주시의 지원으로 헬리콥터 수송비만 1억 5천만 원이 소요되는 불사를 거뜬하게 이뤄낸 것이다. 남북으로 앉은 정면 삼 칸 측면 한 칸짜리 요사채는 북쪽 문만 열면 사방불과 삼존불 등 일곱 부처님이 훤히 보이는 적멸보궁 역할을 톡톡히 해낸다. 또 문을 닫아걸면 법당으로 바뀌어 염불 소리가 낭랑하게 울려 퍼지고 공양시간이 되면 밥상 위에 숟가락 놓는 소리가 목구멍으로 침 넘어 가는 소리보다 오히려 작게 들린다.

이곳 칠불암은 물이 귀한 곳이어서 특히 겨울철에는 식수가 모자라 애를 먹는다. 그래도 스님을 비롯한 자원봉사자들이 항상 밥을 많이 해두고 손님들에게 "공양하고 가세요" 하고 푸근하게 베풀고 있다. 요즘은 이곳에서 공양 신세를 진 청장년층에서 템플 스테이를 요청하는 경우가 많아 절 문은 항상 열려 있다.

칠불암은 경주 남산 중에서도 기가 한곳으로 모이는 곳으로 소문이 나 있다. 우선 동해 대왕암 쪽에서 떠오른 아침 해가 토함산을 넘어 남산 고위봉의 칠불암을 비춘다. 밤이 되면 맞은편 능선에서 솟아오른 달빛이 별빛을 섞어 신선암의 마애보살상을 비추면 부드러운 미소가 달빛 냄새로 둔갑하여 계곡 아래로 번져 나간다.

동트기 전 신선암 마애보살상 앞에 기다리고 있으면 햇빛의 각도에 따라 보살상의 모습은 시시각각 변한다. 흔히 '백제의 미소'로 일컬어지는 서산마애삼존불의 모습처럼 여러 형상으

129

로 바뀌다가 머리에 쓰고 있는 보관과 꽃을 든 오른손이 금색으로 변하는 것을 끝으로 꿈에서 깨어 난다.

예진 스님이 차려준 점심 공양 상에 오른 소쿠리 가득한 상추쌈은 정말 풍성했고 날된장 맛은 기가 막힐 만큼 좋았다. 음력 칠월 백중 지나고 한 사나흘 뒤 달이 뜰 무렵 신선암에 올라 달빛이 번져 나갈 때의 그 달빛 냄새를 코를 킁킁거리며 맡아 보고 싶다.

촛불 제사

우리 집에는 제사가 없다. 어머니가 크리스천이기 때문이다. "내 앞에 다른 신을 두지 말라"라는 십계명을 섬기는 어머니의 위엄에 눌려 제사라는 말은 입 밖에 내지 못하고 어린 시절을 보냈다.

고향 뒷산에 누워 '다른 신' 대접을 받고 있는 아버지는 배고픔을 어떻게 이겨 내고 계시는지 궁금하다. 예수와는 인사한 번 나눈 적 없이 이승을 살다 가신 외로운 영혼은 술 한잔에 밥 한술조차 잡숫지 못하고 기아에 허덕이다 저승보다 더 먼 곳으로 또다시 운명하신 것은 아닌지 모르겠다.

'어동육서'니 '생동숙서'니 하며 제상 차리는 법을 배워 내혼자 엎드려 절한다고 해도 가족들이 동의할 리가 없다. 숙고끝에 고안해 낸 것이 마음속에 촛불 하나를 켜고 고인을 추모하는 일이었다.

칠십년대 초, 내가 다니던 신문사의 사장님이 돌아가신 후이 년쯤 지났을까. 사장님의 맏아들에게서 "올부터 제사를 함께 지냈으면" 하는 제의를 받았다. 슬하에 딸뿐인 그는 홀로

131

술 따르고 절하는 등 보조역 없는 제사장 역할을 하기가 몹시
바빴던 모양이다.

기일은 추석을 쇠고 엿새째 되는 날, "저녁 일곱 시에 제사
를 지낸다"라고 연락이 왔다. 술자리서 괜히 해본 농담이겠거
니 했는데 그게 아니었다. 시간에 맞춰 도착한 나에게 유건을
씌우고 흰 광목 두루마기를 입혔다. 나는 타인의 제상 위에 내
마음속에서 홀로 타고 있는 아버지를 위한 촛불을 슬그머니
올려놓았다.

제사는 칠 년간 계속됐다. 그러다가 친구가 간암으로 저승
에 가 버렸다. 운명하기 전 육탈현상으로 미라처럼 변한 그는
"하루만 상주 노릇을 해 달라"라고 했다. 나는 고개만 끄덕였
다. 장례 당일 검은 양복에 완장을 차고 내빈 접대 역으로 나
서 친구와의 약속을 지켰다.

제사가 또 하나 늘어났다. 가장 존경하는 은사께서 쉰하나
란 이른 나이에 갑자기 운명을 달리 하신 것이다. 선생님은 세
익스피어를 전공한 영문학자이자 「우물」이란 작품을 써 서울
신문 현상공모에 당선한 희곡 작가였다. 그보다도 선생님에게
가장 걸맞은 칭호는 로맨티스트로, 학생들 사이에 인기가 가
장 높았다.

선생님께서 교수재임용에서 탈락하신 후 단골집인 '혹톨쿠
립'으로 나를 불러 울분을 쏟아 놓으셨다. 그날 밤 술자리를
끝내고 택시로 집 앞까지 모셨으나 "아니야, 오늘은 자네 집
에 가 봐야 해"라고 말씀하시곤 내리지 않으셨다. 선생님은 별

안주 없는 맥주 몇 병을 드시고는 비 오는 밤길 속으로 총총히 떠나셨다. 그게 선생님과의 마지막 이별이었다.

선생님이 어떻게 우리 집에 오실 생각을 하셨을까. 그날 밤 선생님은 이승에서 꼭 끝내고 가야 할 숙제를 한 것이 아니었나 싶다. 임종을 앞둔 사람은 생전에 가 봐야 할 곳은 죄다 둘러본 후 마음속에 미진한 찌꺼기가 남아 있지 않은 상태로 운명한다고 한다.

선생님이 돌아가신 후 세상이 너무 쓸쓸하여 술맛조차 나지 않았다. 그래서 기일(8월 15일) 다음날을 제삿날로 정하고 선생님의 단골집인 '혹톨쿠럽'에서 혼자 촛불 하나 켜 놓고 제사를 지냈다. 500CC 두 잔을 시켰다. 내 것 다 비울 동안 선생님 잔은 그대로였다. 다시 한 잔을 시켜 잔을 바꾸고 그 잔은 내가 마셨다. 재미있는 이승의 소식을 전해 드려도 선생님은 묵묵부답이었다. 이 촛불 제사는 만 5년 되는 해인 82년 선생님의 지인들을 초대하여 탈상 제사를 올리는 것으로 끝을 냈다.

최근 선생님이 쓰신 「우물」이 포항시립극단 제 156회 정기공연 작품으로 포항시립중앙아트홀 무대에 올려졌다. 배우들의 대사와 몸짓에서 선생님의 낭만기를 느낄 수 있었다. 공연을 보는 중에 선생님을 모시고 술 한잔했으면 하는 마음이 간절했다. 연전에 선생님을 추모하는 글에 "이승과 저승을 통털어 단 한 사람만 초청하여 술을 마시라면 기꺼이 선생님을 초대하고 싶다"라고 쓴 적이 있다. 지금도 그 생각에는 변함이 없다.

제삿밥을 잘 짓는 음식점을 수소문해 두었다가 근사한 촛불 제사를 한번 지내볼 생각이다. 장소가 바뀌었더라도 혼령은 '귀신같이' 찾아오셔서 "활이 너, 수고했구나" 하시면서 머리를 쓰다듬어 주시겠지.

하늘의 그물

그동안 전국의 이곳저곳을 돌아다니면서 풍광과 음식에만 매달린 감이 없지 않다. 섬이나 바닷가나 내가 찾아가는 지역의 속살을 들여다봐야 하는데 그러질 못했다. 나의 불찰이다. 전남 신안군의 임자도에 들렀다가 이곳이 우리나라 문인화의 대가인 우봉 조희룡의 유배지임을 뒤늦게 알고 이렇게 각성의 시간을 갖는다.

우봉은 1789년생으로 추사보다 3년 뒤에 태어났다. 글씨 쓰기와 난 치는 법을 추사에게서 배워 수제자로 인정받았다. 추사는 55세 때 윤상도 옥사사건에 연루되어 제주로 귀양을 갔으나 우봉은 63세에 권력 다툼의 희생양이 되어 이곳 임자도로 귀양 와 3년을 바닷가 오두막에서 기거했다. 추사는 서귀포 대정읍 동문가에 탱자나무 울타리가 사방에 둘러쳐진 곳에 위리안치 되었고, 우봉은 파도소리와 갈매기 울음소리뿐인 이 흑암리(당시 흑석촌)란 곳에서 갇혀 살았다.

우봉은 열정과 광기를 지닌 화가였다. "미치지 않으면(不狂) 미치지 못한다(不及)"라는 진리를 일찍 터득했다. 스승인 추사는 중국의 영향을 받아 '서권기 문자향(書卷氣 文字香)'을 신봉했지만 우봉은 "그림과 글씨는 손끝에 달린 것이다. 손재주가 없으면 종신토록 배워도 경지에 이르지 못한다"라며 손기술인 수예론과 그림 그리는 자체를 즐기는 유희론을 주장했다.

추사는 서권기 문자향을 가슴에 담아 그 정신이 화가의 창자와 뼛속으로 스며든 후에 기운이 손가락으로 흘러나와 그림 속으로 들어가야 한다는 중국 이론을 그대로 추종했다. 그러나 우봉은 중국 화법이 추구하는 이념과 기법을 따르지 않았다. 당시 모든 이의 눈에 익은 진경산수를 기존 방식대로 답습하지 않았다. 다만 조선의 산과 강을 조선 산수화로 그렸을 뿐이다. 우봉 그림의 뼈대는 '불긍거후(不肯車後)'의 정신이다. '앞서 가는 남의 수레 뒤를 따라가지 않는다'는 것이다. 이는 표절과 모사 모창이 판치는 이 시대에 경종이 될 만한 선지자적 업적이다. 그의 사상은 그림뿐 아니라 생활 속에서도 확고했다. 누군가에게 보낸 짧은 편지에 "눈에 낀 백태가 나아지지 않으신다니 걱정입니다. 이런저런 약을 잡다하게 시험하지 마시고, 다만 제심징려(齊心澄慮), 즉 마음을 가지런히 하고, 생각을 맑게 한다는 네 글자를 처방으로 삼으시지요. 약을 안 쓰고도 절로 효험이 있을 겁니다"라고 적었다.

추사는 이렇게 '마이 웨이(My Way)'를 고수하는 우봉을 못마땅하게 생각했다. "조희룡 같은 무리는 나에게 난 치는 법을 배웠으나 끝내 그림 그리는 법칙 한길을 면치 못했으니 그의 가슴속에 문자향과 서권기가 없었기 때문이다." 추사가 그의 서자 김상우에게 보낸 편지에 이렇게 적었다고 하니 멘토를 따르지 않는 멘티에게 많은 배신감을 느꼈으리라.

오히려 우봉은 자신을 따르는 동료와 후배들을 규합하여 벽오시사(碧梧詩社)를 결성하여 그의 화풍을 흔들림 없이 이끌고 나갔다. 허균과 이덕무도 우봉을 따랐으며 후배 화가 유숙에게 배운 괴짜 화가 오원 장승업도 그림 속에서 우봉의 맥을 이어 명품 매화도를 완성해 냈다.

추사와 홍선 대원군이 난초의 달인이라면 우봉은 매화의 귀재다. 청출어람(靑出於藍)이란 말이 있듯이 매화 그림에 관한 한 추사도 우봉을 능가하지는 못한다. 미술사학자 유홍준 교수도 『완당평전』에서 "우봉은 완당 일파 중에서 최고의 화가이며 산수와 매화는 추사를 앞지른다"라고 말하고 있다.

프로골프 선수 중에는 잠잘 때도 클럽을 품에 품고 자는 이가 있는가 하면 최근 타계한 최동원 감독은 죽는 순간까지 야구공을 손에 쥐고 있었다고 한다. 우봉 또한 방에 매화 병풍을 항상 두르고 살았으며 매화차를 마시며 매화벼루에 먹을 갈아 매화그림과 매화시를 지었다. 자신이 살던 집을 유배 초창기엔 '만구음관(萬鷗吟館, 만 마리의 갈매기가 우짖는 집)'이라 했지만 섬 생활에 익숙해지고는 '매화백영루'로 바꿔 불렀다.

나는 이번 임자도 여행중에 유배지 바닷가에서 거칠고 찬 구름 그림(〈황산냉운도〉)을 그리면서 고독을 씹고 살았던 우봉의 오두막터를 찾아보지 못했다. 돌아오는 뱃전에서 문득

정호승 시인의 「하늘의 그물」이란 시가 우봉의 춥고 시린 마음 한 자락을 덮고 있는 것 같아 몇 번이나 그 시를 읊조렸다. "하늘의 그물은 성글지만/ 아무도 빠져나가지 못합니다/ 다만 가을밤에 보름달 뜨면/ 어린 새끼들을 데리고 기러기들만/ 하나둘 떼 지어 빠져나갑니다."

임자도에 다시 한 번 가고 싶다. 우봉의 오두막터에 막걸리 한 상 차려 두고 '넓고 넓은 바닷가에 오막살이 집 한 채'로 시작되는 〈클레멘타인〉을 남도창(唱)하듯 흐느적거리며 부르고 싶다. 귀양살이에 지친 영혼을 위로하고 싶다.

한계령 연가

한계령(寒溪嶺)은 마음에 상처 입은 사람들이 찾아가 봐야 할 곳이다. 사랑을 하고 있는 이도, 사랑을 끝낸 이도, 이별의 열병을 오랫동안 앓고 있는 이도 이곳 한계령에서 새로운 한계(限界)를 찾아 들메끈을 졸라매야 한다.

한계라는 낱말은 사전에는 있어도 실제로 한계는 존재하지 않는다. 한계 너머에 또 다른 한계가 "나 잡아 봐라" 하며 버젓이 존재하고 있기 때문이다. 궁극적 한계는 생과 사의 갈림길 정중앙에 있다. 한 발 건너뛰면 죽음이며 미처 발을 옮기지 못하면 이승의 단애다. 그것이 진짜 한계다.

만취와 미취의 상태도 한 잔 술이 정해 주지만 마시는 사람은 다만 어느 잔이 그 잔인지를 모를 뿐이다. 물은 섭씨 100도라는 비등점에서 끓지만 사람의 눈으로는 그 한계를 알아채지 못한다. 그러면 무엇이 사랑이고 무엇이 이별인가. '사랑한다' 하면서도 이별한 상태보다 못한 경우가 있고 이별했지만 사랑하고 있는 '잉(ing)'의 상태도 있다. 어느 누가 감히 '사랑'과 '이별'을 얕잡아 본단 말인가.

"세상 끝 어딘가에/ 사랑이 있어 전속력으로 갔다가/ 사랑을 거두고 다시 세상의 끝으로 돌아오느라/ 더 이상 힘이 남아 있지 않은 상태./ 우리는 그것을 이별이라고 말하지만./ 그렇게 하나의 모든 힘을 다 소진했을 때/ 그것을 사랑이라 부른다"(이병률의 시 「이별 없는 사랑을 꿈꾼다」에서). 이 시 역시 사랑과 이별이란 한계의 벽을 과감하게 무너뜨리고 있다.

그날 한계령에는 비가 내리고 있었다. 설악의 만산홍엽이 살금살금 고양이 발걸음으로 내려와 길가에서 쉬고 있는 비 오는 한계령. 눈이 부시게 푸르른 날만 그리운 사람이 그리워지는 줄 알았다. 그런데 이렇게 비에 젖은 단풍 숲길 속에서도 지칠 줄 모르고 그리운 사람을 그리워하고 있으니 사랑을 향해 전속력으로 달려갔다 돌아와 탈진하는 그리운 마음들은 하나같이 미쳤나 봐.

한계령에만 가면 멋진 시가 나올 것 같기도 하고, 근사한 산문 한 편쯤은 어렵잖게 써질 것 같았는데 그게 아니었다. 감동이 크면 어간이 막히는 법이라더니 바로 그랬다. 그것이 나의 한계였다. 금강산을 세 번 다녀왔으나 아름다운 산문 한 편 쓰지 못했다. 정비석의 「산정무한」이란 명편 산문이 나를 가로막고 있었기 때문이다.

나만 그런 것은 아닌 모양이다. 고려 때 해동 제일이란 명성을 얻었던 뛰어난 시인인 김황원은 평양 부벽루에 올라 벽에 붙어 있는 시가 마음에 들지 않아 현액들을 끌어내려 모조리 불살라 버렸다. 그는 온종일 기둥에 기대서서 시상을 떠올렸으나 "장성일면용용수 대야동두점점산(長城一面溶溶水 大野東頭點點山)"이란 두 구(句)만 겨우 쓰고는 통곡하며 내려왔다고 한다. 나는 앞서 말한 선비와는 달리 글을 먼저 쓴 시인들이 이뤄 놓은 결실에 주눅이 들었음이 분명하다.

겨울에 접어들어 눈이 내릴 때마다 폭설이 퍼붓는 한계령을 얼마나 그리워했는지 모른다. 뉴스에서 '눈이 내리겠다'는 소리가 들리기만 하면 이른 아침 창문을 열고 멀리 팔공산 쪽을 바라보는 버릇도 한계령 때문에 생긴 것이다. 그건 순전히 시인 문정희의 「한계령을 위한 연가」란 시가 한몫한 것이다. "한 겨울 못 잊을 사람하고/ 한계령쯤을 넘다가/ 뜻밖의 폭설을 만나고 싶다. (중략) 오오, 눈부신 고립/ 발이 아니라 운명이 묶였으면(하략)."

또 있다. 가수 양희은의 〈한계령〉이란 축축하게 젖은 눈물 손수건 같은 노래 때문이기도 하다. "저 산은 내게/ 잊어라 잊어버리라 하고/ 지친 내 어깨를/ 떠미네/ 아 그러나 한 줄기/ 바람처럼 살다 가고파/ 이산 저산 눈물 구름 몰고 다니는 떠도는 바람처럼."

"군중 속의 고독"이란 말은 '둘이 있어도 외로움을 느낀다'는 말과 궤를 같이한다. 사람이면 누구나 한 번쯤은 익숙한 일상에서 탈출하여 사방이 온통 흰 것뿐인 눈 속 동화나라에 갇히고 싶을 때도 있을 것이다. 머리 위를 날아가는 헬리콥터에 구조의 손길 한 번 흔들지 않고 난생처음 짧은 축복에 몸 둘 바를 모르고 싶을 때가 분명 있을 수 있다.

또 〈한계령〉이란 노랫말에서처럼 설악에 기대어 사람에게서 입은 아린 상처를 치유하고 싶어 투정을 부릴 수도 있을 것이다. 모두가 한계를 모르고 하는 소리거나 그걸 뛰어넘지 못하고 있기 때문이다. 나는 그날 한계를 잊어버리고 비에 젖은 한계령을 넘었다. 오색에서 방 한 칸을 얻어 한계령의 저리고 아픈 쓸쓸함을 술잔에 타 마셔 버렸다.

임자도 새벽별

"등잔 밑이 어둡다"라는 속담은 사실이었다. 전라도 신안군 지도라는 섬에서 그 어둠의 실체를 확실하게 체험한 적이 있다. 지난해 증도에 가기 위해 길목 초입에 해당하는 지도에 도착했다. 섬 안으로 들어가면 물가는 비싸기 마련이어서 이곳 재래시장에 들렀다. 시장 구석구석을 어슬렁거리고 다녔지만 우리가 찾는 살아 있는 민어는 구경조차 할 수 없었다.

우리는 포기하고 빈손으로 증도에 들어갔다가 소금축제 현장에서 소금만 밟아 보고 맨입으로 돌아 나왔다. 우리의 행위 속에는 지레짐작과 자만이 도사리고 있다가 사고를 낸 것임을 늦게 알았다. 현지 주민들에게 묻기라도 했으면 민어를 파는 어판장의 위치를 알았을 텐데 막연하게 '물량도 달리고 값은 비쌀 것'이란 추측에 의존한 것이 끝내 일을 그르치게 만들고 만 것이다.

금년 여름에는 증도 인근 임자도 여행을 계획하면서 지난해 못 이룬 꿈을 반드시 실행하리라 다짐하고 떠났다. 민어는 지도에 있지 않고 다리 하나 건너 송도의 수협 어판장에 있었다.

그곳에는 산 민어들이 수족관을 꽉 채우고 있었고 숨이 떨어진 것은 생선 평상 위에 무더기로 누워 있었다. 값도 생각보다 훨씬 저렴했다. 활어는 킬로그램당 3만 원, 숨 쉬지 못하는 것은 2만 원선이었다.

우리는 민어 한 마리를 샀다. 칼로 목을 찔러 피를 빼고 얼음을 꽉꽉 채운 뒤 그걸 둘러메고 임자도로 들어갔다. 섬에서 여름 하룻밤을 보내고 싶었던 꿈이 드디어 이뤄진 것이다. 그것도 민어 고장에 와서 살아 있는 3킬로그램이 후딱 넘는 놈을 양식 생선 가격인 8만5천 원에 샀으니 어깨춤이 저절로 나올 만하다. 지도 점암 선착장에서 배를 기다리는 시간과 임자도 진리 선착장까지의 15분이란 승선시간이 그렇게 지루할 수가 없었다. 머릿속에는 쫄깃쫄깃한 민어의 부레와 가장 맛있는 뱃살을 회로 쳐 술 한잔하는 그림이 계속 그려지고 있었다.

원래 선창은 술맛 나는 곳이다. 항구는 떠나는 곳이라 사람이 살 곳은 못 된다. 그렇지만 떠나는 곳에는 반드시 이별이란 슬픔이 따른다. 그 슬픔은 술로 갚아야 하기 때문에 선창의 술집은 사람들로 붐비기 마련이다. 이번 여행을 함께하는 다섯 도반들은 선착장 주변을 둘러봐도 젓가락 장단이 휘어질 만한 목롯집은 보이지 않아 바닷가 정자에 앉아 캔 맥주 하나씩을 따 멸치 안주로 시간을 죽이기로 했다. "임자도는 처음인 가유." 할머니라 부르기엔 조금 이른 대충 늙은 아낙의 음성이 낯설지 않게 들려왔다.

"어디서 잘라우. 민박집은 구해 놨소." "아니요, 섬에 들어

가서 값싸고 깨끗한 집을 구해 봐야지요.""그라마 딱이네. 내가 새 집을 하나 사 둔 게 있는데 이부자리도 새 것이고 주방도 깨끗히야.""방 하나에 얼만데요.""거실, 주방, 방 둘에 화장실까지 몽땅해서 5만 원만 줘." 우리는 이름도 없는 무허가 민박집 주인 이정자 여사(011-626-1037)를 따라가 임자면 장동리 2681번지의 번듯한 붉은 벽돌집의 하룻밤 주인이 되었다. 주인의 언변이 너무 시원시원해 긴가민가했는데 집은 엄청 근사했다.

우리나라에서 사장 길이가 가장 긴 12킬로미터에 달하는 대광해수욕장으로 나가 바다와 하늘을 붉게 물들이는 저녁놀을 보았다. 지리산 천왕봉에서 만난 일출의 하늘 색깔과 비슷하긴 했지만 느끼는 감흥은 전혀 달랐다. 뜨는 해는 에너지였지만 지는 해는 처연함뿐이었다.

민박집으로 돌아와 술상부터 차렸다. 이별의 슬픔도, 석양의 쓸쓸함도 술로 다스릴 수밖에 없었다. 나의 회칼로 장만한 부레와 뱃살 회는 세 접시쯤 되었다. 마침 신혼여행에서 돌아온 아들이 사 온 질 좋은 위스키를 들고 온 친구 덕분에 우린 중세 유럽의 귀족처럼 먹고 마셨다. 새벽 세 시쯤 볼일 보러 밖으로 나오니 도시에선 보이지 않던 별들이 서로 이마를 마주 대고 눈깜짝이를 하면서 내 흥을 보고 있었다. "얘들아, 내려다봐. 누가 섬을 흥건하게 적시고 있네."

관매도 꽁돌

진도의 남쪽 끝 팽목항에서 바닷길로 24킬로미터 떨어진 곳에 관매도란 섬이 있다. KBS 〈1박2일〉의 무대가 된 곳이어서 '관매도'라고 하면 "아하 강호동이 나오는 그 섬 말이지" 하고 아는 체를 한다. 관매도는 섬의 풍광이 아름다운데다 전설 같은 이야기까지 품고 있어 아주 매력 있는 곳이다.

선착장에서 10여 분쯤 걸어 들어가면 관호마을 입구에 이른다. 여기서 오른쪽 돈대봉으로 올라가는 길목 우물터에서 '꽁돌 가는 길'이란 표지판을 따라 왼쪽으로 올라가면 뒷재에 올라선다. 뒷재에서 내려다보이는 맑은 바다와 섬이 그려 놓은 해안선이 그냥 수채화 한 폭이다.

이 섬이 생긴 지가 몇천만 년 전인지 그건 알 길이 없다. 잠시도 가만히 있질 못하는 파도가 해변의 바위를 갉아먹어 해식애(海蝕崖)가 발달한 그런 섬이다. 뒷재에서 얼마 떨어져 있지 않은 넓은 살평상처럼 생긴 바위 해변에 볼링공 수백 배 크기의 높이 6미터, 너비 4-6미터의 둥근 돌이 바닷속으로 빠지지 못한 채 엉거주춤한 상태로 앉아 있다.

이젠 이 섬의 대표 아이콘으로 관광안내 책자의 관매도 편을 펼치면 꽁돌이 가장 먼저 튀어 나온다. 하늘나라 옥황상제가 애지중지하던 다섯 개의 돌을 가지고 놀던 두 왕자가 실수로 돌 하나를 지상으로 떨어뜨려 버린다. 당시 천상에는 장기와 바둑은 물론 고스톱을 칠 화투도 없어 공깃돌이 유일한 놀이기구였다. 옥황상제가 천날 만날 날개 달린 여신들만 데리고 놀 수도 없는 일이어서 잃어버린 돌을 몹시 아까워했다.

　무료한 오후를 뒤적거리고 있던 옥황상제가 가장 힘센 하늘장사를 불렀다. "땅에 내려가서 돌을 찾아오너라." 헬리콥터에서 줄을 타고 내려오는 특전사 베레모 군인처럼 하늘장사는 관매도 왕돌끼미에 내렸다. 야구계로 따지면 옥황상제는 아주 지능이 높은 감독이었다. 명감독은 위급상황일 때 좌완투수와 왼손타자를 기용하듯이 옥황상제도 사우스포인 하늘장사를 기회가 단 한 번뿐인 선발투수로 지명한 것이다.

　하늘장사가 꽁돌을 보는 순간 만만하기 짝이 없었다. 평소에 잘 쓰지 않는 오른쪽 손으로 집으려다가 그래도 옥황상제의 심부름인데 싶어 왼손으로 들어올려 호주머니에 넣으려고 했다. 그 순간 어디에선가 들려오는 천상에서는 들어 보지 못한 거문고의 선율에 매혹되어 돌을 떨어뜨리고 말았다.

　옥황상제는 두 명의 사자를 땅으로 다시 내려 보내 하늘장사를 꽁꽁 묶어 데려오라는 엄명을 내렸다. 그들 역시 하늘장사를 데리고 떠나려는 순간 똑같은 거문고 소리가 들려 그들역시 얼어붙고 말았다. 그때 연주됐던 거문고 가락이 무슨 곡인지는 관매도 노인들은 모른다. 유추컨대 거문고가 앞장서 끌고 가는 '영산회상'이든지 아니면 천상의 단조로운 세상보다 더 아름다운 우리나라의 '팔도유람가'나 '호남가'가 혹시 아니었을까.

더 이상 참을 수 없었던 옥황상제는 꽁돌 앞에 돌무덤을 만들어 그들 셋을 묻어 버렸다. 그 자리를 '돌묘'라고 부르는데 시방도 너무나 선명하게 남아 있다. 꽁돌은 하늘장사가 왼손으로 집었던 다섯 손자국이 선명하고 지문까지 어렴풋이 남아 있을 정도이다. 왼손잡이 골프선수 필 미켈슨이 꽁돌을 날릴 수 있는 거대한 드라이브를 갖고 관매도를 찾아와 옥황상제가 있는 하늘나라로 티샷을 한 번 해 봤으면 어떨까 싶다.

우린 이 동네에서 만들어 파는 개똥쑥 막걸리 댓병 하나를 만 원 주고 사와 민어회를 안주로 요기를 했다. 그런데 이상하게도 머릿속에는 꽁돌에 대한 잔상이 지워지지 않고 계속 따라 다녔다. 결론적으로 말하면 이건 그리스신화에 나오는 시시포스가 제우스에게 밉보여 큰 돌을 있는 힘, 없는 힘 다 해가며 정상으로 들어올리면 거대한 돌덩이는 저절로 산정 아래로 굴러 떨어지는 그 돌이 혹시 아닐까 하는 터무니없지만 그런대로 아름다운 생각이다.

세상은 예나 지금이나 다를 바 없다. 시시포스는 신화에 나오는 인물 중에 가장 교활하다. 그렇게 영악한 인물이 제우스가 보낸 저승사자를 따돌려 죽임을 당하는 것조차 면할 수 있었지만 끝내 저승행은 피할 수는 없었다.

그리스신화를 들춰 보면 꾀로 뭉쳐진 인물들이 때론 영화를 누리고 여인을 차지하고 장수를 하기도 한다. 권선징악은 현대판 서부영화에서는 더러 사라지고 있지만 인류사가 계속되는 한 '순천자(順天子) 존(存), 역천자(逆天子) 망(亡)'이란 등식은 여전히 성립되고 있다.

　관매도 꽁돌은 우리의 인생사를 돌덩이 하나로 압축해 놓은 교훈석이다.

청산도 판소리

음악은 생음악으로 들어야 한다. 우리 음악인 국악은 텔레비전이나 전축을 통해 들으면 맛이 없고 싫증이 난다. 사물놀이, 판소리, 마당극까지 돗자리 깔린 마루에서나 멍석에 앉아 들어야 어깨춤이 일면서 입에선 "얼쑤, 좋고"라는 추임새가 튀어 나온다.

클래식이나 재즈, 팝 등 서양음악도 공연장 객석에서 듣는 게 좋지만 그게 어디 쉬운 일인가. 차선책으로 진공관 전축에 LP판을 걸고 성능 좋은 스피커로 들으면 제대로 된 맛을 즐길 수 있다. 이렇듯 음악은 격식을 갖추고 들어야 맛과 멋이 동시에 느껴진다.

음악은 왜 현장에서 듣는 게 가장 좋은가. 생음악은 원음이기 때문이다. 음악은 자연의 소리를 악기 또는 목소리로 재현한 것이다. 자연의 소리를 녹음기에 담아 들어 보면 현장감이 없어 찰지고 쫀득한 맛이 없다.

아름다운 자연의 소리를 주워 섬겨 보자. 계곡 얼음장 밑에 물 흐르는 소리, 추녀 끝에 떨어지는 빗소리, 산 능선 휘어 넘는 솔바람 소리, 낚시에 물린 붕어의 물장구 소리, 술독에서 술 익는 소리, 바닷가 암자에서 듣는 해조음, 검은 등 뻐꾸기 울음소리, 달 밝은 밤 노젓는 소리, 떡갈나무 잎에 떨어지는 빗방울 소리, 바람에 양철지붕 우는 소리. 아! 소리와 소리들. 어느 것 하나 정겹지 않은 것이 없다.

전라도 쪽으로 돌아다니다 보면 판소리 가락을 접할 기회가 더러 있다. 경상도 사람들은 전라도 사람과는 달리 우리 가락의 향기에 별로 젖어 볼 기회가 별로 없다. 그래서 추임새를 넣을 줄도 모르고 옆 사람을 따라 "얼쑤" 하고 흉내를 내 봐도 어설픈 구석이 한두 가지가 아니다. 판소리 특유의 쉰 목소리가 꺾어 넘어갈 때 한에 푹 절여진 가락은 자연의 소리에 버금간다 해도 별로 탓할 사람이 없을 것 같다.

대학시절 내내 서부영화와 전쟁영화를 좋아했다. 고학년으로 올라가면서 프랑스 영화 쪽으로 기울어 하루에 두 편을 보기도 했다. 고백하거니와 국산 영화는 괜히 '시시할 것 같다'는 선입견이 크게 작용한 것 같다.

방화를 경시하는 버릇이 고쳐진 건 아니다. 그렇지만 오정해가 송화 역으로 나오는 〈서편제〉를 보고 나선 '우리 영화도 볼 만하다'는 자각이 일기 시작했다. 자각 정도가 아니라 로케 현장인 청산도를 찾아가 소리꾼 유봉(김명곤 분)과 송화가 서편제 한 가락을 뽑으며 걸어 내려오는 그 보리밭 돌담길을 걷고 싶었다.

그 길을 걸으면 "이년아! 가슴을 칼로 저미는 한이 사무쳐야

151

소리가 나오는 법이여"라던 유봉의 비수 같은 말 한 마디가 판소리로 바뀌어 내 귀에도 꽂힐 것 같았다. 강원도 동강 주변의 〈정선아라리〉 속에도 떼꾼들의 한이 서려 있고 제주도 해녀들이 곧잘 부르는 〈이어도사나〉에도 물질을 해야 밥을 먹는 여인네들의 한숨이 오롯이 담겨 있다. 그 지역사람들의 처연하고 청승스런 한이 녹을 대로 녹고 녹아 그것이 가락이 되면 판소리가 되기도 하고 민요도 되는 모양이다.

나의 도반들과 여행 행선지를 물색하던 중 섬광 같은 빛 한 줄기가 반짝하고 한참 동안 잊고 있었던 청산도를 기억나게 해 주었다. "청산도 보리밭 색깔이 한참 좋을 철인데 그 섬에 가지." "그러지 뭐." 우린 그래서 떠났고 방이 따뜻한 지리리 제일민박(김재설, 061-552-8807)에 짐을 풀었다.

우린 완도 선착장 옆 어시장에서 산 낙지와 갑오징어를 끼니 때마다 삶아 먹고 볶아 먹었다. 먹는 시간을 뺴곤 〈서편제〉 촬영 현장인 보리밭 돌담길은 물론 풍광 좋고 물 맑은 해변 둘레길을 휘파람을 불며 걸었다. 그 돌담길에는 마음의 귀로 들어야 겨우 들리는 송화네 일가가 영화 〈서편제〉에서 구성지게 뽑아내던 판소리가락이 융단처럼 깔려 있었다.

"사람-이 살면 몇백 년 사나. 개똥 같은 세상이나마 둥글둥글 사세. 저 건너 저 가시나 앞가슴 좀 보아라. 넝쿨 없는 호박이 두 통이나 열렸네. 저 건너 저 가시나 속곳 밑 보아라. 대목장 볼라고 홍당목 젓네. 아리아리랑"

남해의 봄

남해의 봄은 수다스럽다. 핑크빛 수건을 머리에 이고 찜질방에 둘러앉은 여인들처럼 그렇게 수선스럽다. 나무들은 가지마다 붉고 흰 초롱불을 켜고 누가 봄이 오지 않았달까봐 저 능선 이 계곡에도 산불이 난 듯 "와아와아!" 하고 함성을 질러댄다. 봄이 오는 바닷가 길목에서 듣는 꽃의 함성은 낮에는 눈으로 듣고 밤에는 환청으로 듣는다. 그게 바로 마음으로 듣는 소리의 향연이다.

꽃은 외톨이로 홀로 피어 있어야 멋있는 꽃이 있고 수다 떠는 여인네들처럼 한데 어울려 있어야 돋보이는 꽃이 있다. 지리산 바래봉의 진달래 덤불, 그리고 소백산 능선과 한라산 선작지왓 일대의 철쭉 군락, 거제 지심도와 고창 선운사에 무리지어 핀 동백, 섬진강 매화와 인근 상위동의 산수유, 또 영덕 야산 발치 복숭아꽃이 핀 도화마을의 봄 풍경은 정말 장관이다.

봄 경치와 대작하듯 마주 앉아 있으면 꽃은 참으로 낯 두껍다는 생각이 든다. 꽃의 유전자에는 부끄러움 대신에 뻔뻔스러움만 가득 차 있는 것 같다. 꽃은 식물의 얼굴이 아니라 생식기가 분명한데도 큰 꽃이나 작은 꽃이나 고추와 잠지를 바깥에 드러내 놓고 벌과 나비를 불러들인다. 자태만으로 모자라 향내까지 뿜는다.

꽃들의 성기 관리는 웃대부터 내려오는 전통도 문제려니와 주변 환경과 가정교육이 엉망인 데 원인이 있지 않나 싶다. 치마처럼 생긴 꽃잎 속에서 앙 다물고 있어야 할 것들이 나이가 차면 모조리 밖으로 튀어나와 "날 안아 가요" 하고 소리소리 지르고 있다. 꽃 세상은 섹스의 화신 돈 주앙이 아니더라도 한두 생애 살아 보고 싶은 정말 환락의 자유천지다.

동물들은 생식기만은 소중한 보물이란 인식 아래 털 속이나 갑각 속에 감춰 두고 나름의 체통을 지킨다. 사람들이 얕보거나 인간의 눈에 보일락말락 하는 아주 작은 동물들까지도 '동식물'이란 서열의 우위성을 지키느라 그 값을 하고 있다. 동물은 멸치처럼 작아도 뼈대가 있는 집안 자손이지만 식물은 문어처럼 덩치는 커도 뼈대가 없기 때문에 항상 업신여김을 당하고 있는 것이다.

식물 중에서도 어떤 놈들은 바람에 제 몸을 아예 맡겨 버리기도 하고 빗물에 의탁해 후손의 안위를 부탁하기도 한다. 그러니까 식물세계에는 성폭행을 저지르고 전자발찌를 차야 할 죄와 벌은 없고 다만 나비와 벌들 사이에 꽃만 있을 뿐이다. 오죽했으면 『감각의 박물학』을 쓴 다이앤 애커먼은 "나는 생식 능력이 있기 때문에 가져 볼 만하고, 나의 생식기관은 촉촉

하게 젖어 있다"라고 꽃의 심사를 대변해 주었을까.

'꽃에 관한 명상'이라 해도 좋을 이 단상은 지난 주말 남해의 바닷가를 한 바퀴 돌면서 느낀 바를 간추린 것이다. 이날 달리는 코스 중에는 남해 설흘산 밑 다랭이마을이 끼어 있었다. 이 마을에는 경남도 민속자료 13호인 가천 암수바위가 나란히 서 있었다. 마침 때는 춘삼월, 주변 야산에는 온갖 꽃들이 흐드러지게 피어 있었다. 그런 가운데 남성과 여성 성기를 닮은 바위 부부의 모습과 그들이 곧잘 저지를 것 같은 은밀한 행위가 내 의식 속에서 봄바람에 흩날리는 바람난 꽃으로 전이되어 이렇게 해괴망측한 발상을 하게 된 것이다.

다랭이마을을 구경하는 동안 온통 꽃의 유희에 사로잡혀 그 꽃밭을 떠나지 못하고 있었다. 가이드를 맡은 이가 "생선회 쳐 놓은 지가 한 시간이 지났는데 모두 물건 구경한다고 정신이 없네"라는 말에 정신이 제자리로 돌아왔다.

대구문인협회 문학기행 버스가 출발할 때부터 "오늘 회는 도다리와 놀래미 그리고 농어 등 자연산으로만 주문했습니다" 란 자랑이 만만치 않더니 정말 그랬다. 남해수협 활어 중매인 16호인 선구횟집(김정일, 055-862-8288)에서 준비한 식탁은 생선회뿐 아니라 반찬까지 남해의 명품들이어서 어느 것 하나 까탈스런 내 입맛을 벗어나는 게 없었다. '남해 꽃구경도 식후경'인가. 생선회를 먹는 동안에는 내 눈이 멀었는지 눈앞에 꽃잎 하나 얼씬거리지 않았다.

막국수 여행

여태까지 살아오면서 막국수를 먹어본 기억은 두어 번에 불과하다. 경상도 사람들은 강원도 별미인 막국수를 먹어볼 기회가 많지 않아 그 진미를 모른다. 물론 대구 경북에도 막국수를 파는 집이 있긴 하지만 아무래도 본토의 맛을 따라가기가 쉽지 않을 것이다.

중국 명주인 마오타이(茅台酒), 우량예(五粮液), 수이징팡(水井房) 등은 광활한 대륙을 떠돌면서 그곳 음식과 함께 먹어야 제맛이 난다. 막국수도 그렇다. 강원도 산골바람이 불어오는 비탈진 밭에서 수확한 메밀로 뺀 약간 까끌까끌한 기운이 도는 국수에 제자리 무배추로 담근 동치미 국물로 말아 먹어야 한다.

문화유산답사팀이나 산행팀과 함께 강원도엘 여러 번 오르내렸지만 한 번도 막국수 점심을 먹어본 기억은 없다. 막국수나 싸구려 정식 값이나 값은 비슷하지만 가이드들은 밥집으로만 안내한다. 막국수집은 가게터가 대체로 비좁고 밥보다 배가 일찍 꺼지기 때문이다. 막국수를 비롯하여 콧등치기국수,

올챙이국수 등 강원도 냄새가 물씬 풍기는 그런 음식을 먹고 싶지만 단독행동이 쉽지 않아 포기하고 만다.

연전에 친구들과 월정사, 상원사, 정암사를 둘러본 후 봉평의 이효석 생가 부근에서 일박하고 내려오는 길에 들른 평창의 막국수는 정말 맛있었다. 아마 그 기억이 메밀 음식에 대한 그리움으로 이어져 강원도 쪽으로 여행길에 오르면 '막국수'가 안거에 든 스님의 화두처럼 뇌리를 떠나지 않았다.

두 번째 막국수는 고성군 토성면 성대리의 동루골 막국수집에서 만났다. 연전에 고성의 청간정 군인 콘도에서 한 사흘 머문 적이 있었다. 그때 하루 한 끼 정도는 그 지역의 특색 있는 음식을 먹기로 하고 리스트를 작성하여 찾아 나선 적이 있다. 아침 산책길에 만난 지역 토박이들은 하나같이 "동루골 막국수를 맛보셔야지요" 하고 권했다.

동루골은 생각보다 멀었다. 큰길을 벗어나 대명콘도와 잼버리장을 지나 계속 달리니 하일라 밸리가 나오고 드디어 '동루골'이란 입석이 나타났다. 주변 풍경은 강원도 시골길의 진수를 보는 것 같아 먼 길이 지루하진 않았다. 막국수집 앞의 늙은 소나무가 가지를 드리우고 서 있는 모습이 꽤 여유가 있어 보였다. 이 집 막국수는 메밀 특유의 까칠한 기운이 있었고 동치미를 비롯하여 따라 나오는 음식들이 하나같이 정갈했다.

이번 '토요산방' 도반들과 2박3일 일정의 강원도 여행을 다녀온 후 인터넷을 뒤져 보았다. 맛있게 먹었던 실로암 막국수가 "옛날 맛이 아니더라" 하는 누리꾼들의 불평이 여기저기서 쏟아지고 있었다. 앞에서도 얘기 했거니와 나는 막국수에 대한 조예가 그리 깊지 않아 미세한 맛의 오차를 감지할 능력이 없다. 그런데 막국수 마니아들은 잃어버린 옛 맛을 한탄하며 옛 주인을 수소문해 본 결과 물치항 부근의 '샘 메밀국수집'이 옛날 실로암 막국수 집과 깊은 관계가 있으며 맛 또한 옛 맛의 맥을 잇고 있다고 전하고 있었다. 무식한 나는 할 말이 없었다.

열흘 뒤 삼박사일 일정으로 '일생스쿠버' 팀들과 양양 속초 방면으로 다시 여행을 떠나게 되었다. 막국수에 대한 견문과 입맛의 심미안을 키워 주기 위해 누리꾼들이 알려준 대로 물치항 인근 농협 옆길에 있는 샘메밀국수(033-673-8255)집을 찾아갔다. 우리 일행 8명 모두가 고춧가루가 들어가지 않은 시금시금한 애기배추김치 맛을 보고는 합격점을 주었다.

나는 실로암과 샘 막국수집과의 상관관계를 알아보기 위해 몇 가지 질문을 해보았으나 딱 부러지는 대답은 돌아오지 않았다. 인터넷에 올라 있는 여러 가지 정황을 종합해 보면 샘의 주인은 실로암의 이혼한 맏며느리로 옛 실로암 막국수에서 익힌 노하우를 샘에서 재현하고 있다면 거의 틀림없을 것 같다. 우린 막국수 외에도 돼지편육과 메밀만두, 메밀전 등을 시켰다. 나의 도반들은 오랜만에 제대로 된 막국수를 먹어본다며 모두들 좋아했다.

강원도 여행길에 오르면 막국수 탐구를 좀더 열심히 해야 겠다. 영광정 메밀국수(033-671-5254), 입암리 메밀국수(033-

671-7447), 범부 메밀국수(033-671-0743), 성대리 막국수
(033-632-4328) 등 이름난 집을 두루 돌아다니며 유독 막국수
에 약하고 무딘 혀를 갈고 닦아야겠다.

가야산 소리길

비 온 뒤 가야산 소리길의 물소리는 장엄하고 우렁차다. 장마의 시작을 알리는 빗줄기가 하루 종일 추적거리더니 드디어 계곡의 물소리를 한 옥타브 이상 올려놓았다. 내려 긋는 지휘봉 끝에서 일어서는 음들의 도약이 오케스트라의 절정을 이루듯 누가 하늘의 깃발을 흔들었는지 계곡의 물소리는 함성을 지르며 아래로 아래로 쏟아지고 있다.

구름 낀 하늘은 어디로 가 버렸는지 텅 비어 있다. 색안경이라도 껴야 비로소 송림 사이로 푸른 하늘이 보인다. 원래 산은 솔바람 소리, 새소리, 물소리를 함께 키운다. 세 개의 소리 중 어느 것 하나라도 빠지면 절름발이가 되고 만다. 한번 생각해 보자. 물이 흐르지 않는 계곡에는 새들이 모여들지 않고 바람이 분다 한들 마른 계곡 위로 스쳐 가는 바람은 건조하기 짝이 없다. 사람은 사람과 어울려야 하고 소리는 소리와 얼려야 한다. 서로 어울리는 것끼리 모여야 숲이 되고, 오케스트라가 되고, 세상이 된다.

가야산 소리길은 홍류동 계곡을 관통하는 명품 중의 명품 계곡이다. 오죽했으면 신라의 최치원 선생이 이곳 농산정 주변의 무릉도원에 들어와 계곡 맛을 보고선 "다시는 이곳에서 나가지 않을 거야"라고 했을까. 그래서 예부터 홍류동 계곡은 가을 단풍과 물소리가 한데 어우러져 '합천팔경' 중에서도 첫손에 꼽히는 곳이다.

홍류동 계곡의 물소리는 계곡 속에 박혀 있는 바위가 만들어낸 작품이다. 육산의 골짜기로 흐르는 물은 땅속으로 스며든다. 그러나 암산의 물은 바위에 부딪치면서 튕기고, 튕겨 올라간 물줄기는 물보라로 변하여 떨어지면서 다시 물살에 몸을 섞는다. 때론 푸르렀다가 어떤 때는 옥색인 물더미는 모든 걸 삼켜 버릴 듯 위압적이고 그 카리스마는 '그대 앞에만 서면 작아지는' 하잘것없는 인간의 왜소함을 비웃는다.

가야산 소리길 주변의 계곡은 날이 가물 땐 흐르지 않고 침묵한다. 그러나 폭우가 쏟아져 물이 불어나면 옆 사람의 말소리가 들리지 않는다. 그야말로 소리측정 기구의 침이 멈춰 버려 농아가 아닌 멀쩡한 사람들까지 수화로 말하게 한다.

바위가 하는 일은 계곡물이란 긴 현(弦)을 맑은 소리가 나게 쥐어뜯는 손가락 역할만 하는 게 아니다. 바위는 거대한 자석으로 자기장을 발생하고 있다. 피곤한 육신을 바위 위에 뉘이면 피로가 풀리고 머리가 맑아진다. 그래서 예부터 기가 센 산으로 알려진 영암 월출산과 계룡산 마니산 등은 박수와 무당들이 '기도발이 잘 받는다'며 찾아와 도사되기를 소원하는 곳이다. 실제로 계곡 옆 암반 위에 지어진 집에서 밤새도록 흘러가는 물소리를 들으면서 자고 나면 그렇게 개운할 수가 없다.

최근 가야산국립공원은 홍류동 계곡 옆 오솔길을 새 단장하여 가야산 소리길이라 명명했다. 원래 이 홍류동 계곡은 빼어난 경관과 맑은 물로 문인 묵객뿐 아니라 관광객들의 사랑을 받아 왔다. 그런데 그 홍류동 계곡이란 보석에 오솔길 테두리를 둘러 마감처리를 했으니 더 이상 좋을 수는 없다. 거기에다 휘이익! 하고 지나가는 솔바람 소리와 새소리 그리고 물소리가 앙상블을 이뤄 화음을 맞추니 최치원보다 늦게 도착한 사람들도 찬탄을 금하지 못한다.

"날마다 산을 보건마는/ 아무리 봐도 늘 부족하고/ 언제나 물소리 듣건마는/ 아무리 들어도 싫증나지 않는다"라는 고려 때 승려였던 충지(1226-1292)의 시가 생각난다. 그뿐 아니다. 한번 일어나기 시작한 시상은 꼬리를 물고 달려든다. 마종기 시인의 「메아리」란 시도 멋지다. "물이 노래하는 거 들어 봤니/ 긴 피리 소리 같기도 하고/ 첼로 소리인지 아코디언인지/ 멀리서 오는 밝고 얇은 소리에/ 새벽안개가 천천히 일어나/ 잠 깨라고 수면에서 흔들거린다/ 아, 안개가 일어나 춤을 춘다.(하략)"

이 소리길이 하필 가야산 홍류동 계곡에 펼쳐져 있는 게 너무 안타깝다. 어느 날 인왕산 골짜기에서 우레 같은 물소리를 듣고 있던 추사는 "이 소리 세상에 들려 저 속된 것들 야단 좀 쳐 주었으면"이란 시를 남긴 적 있다. 이 계곡의 물소리가 국회의사당 주변을 한 바퀴 돌아 그렇게 흘러가면 어떨까 싶다.

이 길은 들머리에서 해인사까지 6.6킬로미터로 두 시간 반이면 충분하다. 옛 어른들이 정한 가야산 경치 19경 중 16경을 만날 수 있다. 출발하기만 하면 10분만 걸어도 본전은 건진다. 비 온 다음날이 물소리 듣기에 가장 좋다. "친구야, 같이 갈래?"

선교장 활래정에서

누군가의 시간 앞에 선다는 것은 가능한 일인가. 내 자신을 찾기도 어려운 일인데 타인의 시간 앞에 선다는 것은 여간 어려운 일이 아니다. 스님들이 안거(安居) 기간 중에 면벽 가부좌하여 나[眞我]를 찾기 위해 길 떠나는 것도 어쩌면 누군가의 시간 앞에 서 보기 위한 부단한 노력이 아닐까.

최근 『낯익은 타인들의 도시』란 소설을 쓴 작가 최인호는 "'낯익음'과 '낯섦'은 결국 이음동의(異音同意)로 그게 그것"이라고 말하고 있다. 왜냐하면 '낯익다'는 표현은 '낯설다'는 공포에서 출발하는 것으로 반복적으로 '낯설지 않다'고 최면을 거는 중얼거림이 끝내 '낯익은 것 같다'는 긍정도 부정도 아닌 애매모호한 가설을 만들어낸다는 것이다.

그래서 작가는 "내가 나로부터 낯설어지는 그 쓸쓸함과 두려움을 알기에 우리는 잠에서 깨어나 까닭 없이 목 놓아 우는 아이들의 울음을 무력한 슬픔으로 지켜볼 수밖에 없는 것"이라고 했다. 그렇다. 우리 모두는 내 자신으로부터 스스로 이방인 취급을 당하는 그 참을 수 없는 존재의 슬픔 때문에 좌절도

하고 통곡도 하는 것이다.

나는 강릉 땅 선교장에 있는 활래정(活來亭)이란 정자 앞에서 내 자신을 잠시 잃어버린 적이 있다. 난생처음 가본 그 정자는 내 이름인 활(活)자에 올 래(來)를 붙여 '활이가 와야 하는 정자'라는 편액을 이마에 붙인 채 이백 년 넘는 세월 동안 나를 기다리고 있었다. 때는 한겨울이어서 연당의 연들은 목이 꺾인 채 마른 줄기로 서 있었고 불어오는 매운바람이 빙판 위를 쓸고 지나가는 매우 을씨년스런 날이었다.

함께 온 문화유산 답사객들은 우르르 선교장 안으로 몰려갔지만 나는 한 발자국도 뗄 수가 없었다. '활래정'이란 편액을 보는 순간 '세상에 이럴 수가' 하는 감탄도 잠시, 몸에 힘이 쭈욱 빠져나가면서 그 자리에 주저앉고 말았다. 사람들은 전혀 기대하지 않았던 일이 눈앞에서 폭발하듯 터지거나 머릿속에서 번쩍하고 켜진 섬광이 눈알 밖으로 튀어나가는 기적 같은 일을 당할 때가 더러 있다.

스님들에게는 그때가 바로 견성성불(見性成佛)에 이르는 해탈의 시간이리라. '활래정'이란 낯설지만 어느 먼 우주 끝에서 영혼의 교감으로 이미 만나 본 듯한 그 정자와 맞대면하는 순간의 느낌이 바로 그랬다. 바로 이런 때를 만나면 자신의 인생에 큰 획이 그어지거나 사람들이 쉽게 감지할 수 없는 시공(時空)으로부터 크나큰 에너지를 얻어 정신이 성숙하는 계기가 되는 것이다. 정자 앞에서 망연자실한 기분으로 잠시 나를 잃어버리고 나니 오히려 더 크게 얻는 것이 있었다.

그것은 바로 선교장과 활래정을 지은 이 집 주인의 정신이었다. 선교장은 효령대군 11세손인 이내번(1708-1781)이 터를 잡은 이래 삼백 년을 내려온 이탈리아 메디치가에 비견되는 명가다. 이 집 어른들은 120칸 대 저택을 일 년 사철 열어 두고 문인 묵객들을 헌신적으로 지원해 왔다.

통천군수를 지낸 이봉구(1802-1868)는 심한 흉년이 들었을 때 곳간을 열어 굶고 있는 이웃들을 먹여 살렸다. 또 후손 이근우(1877-1938)는 거문고를 좋아하여 전국의 명인들을 불러들여 후한 사례비를 주어 가며 몇 달씩 묵어 가게 하고 풍류의 극치랄 수 있는 '열린음악회'를 수시로 열었다. 그는 사랑채인 열화당에 인쇄시설을 갖추고 후손을 위한 족보와 선조들의 음덕을 기리는 문집을 인쇄한 선각자이기도 하다.

마음을 다잡지 못해 휘청거리는 걸음으로 선교장과 그 집을 감싸고 있는 뒷동산의 솔숲을 한 바퀴 돌았다. 아주 낯선 시간 앞에 서서 해탈에 버금가는 불방망이로 뒤통수를 얻어맞고 보니 그것은 오히려 '낯섦'이 '낯익음'으로 돌아서는 계기가 되었다.

활래정 인근 초당두부집에서 점심을 먹고 있는데 생각의 불씨 하나가 번개처럼 스쳐 지나갔다. 답사 노트를 꺼내 '풍류(風流)'라고 크게 적었다. 선비 이근우의 풍류를 배워 따르고자 함이다. 이날 나는 누군가의 시간 앞에 서서 '풍류'라는 귀한 화두 한 자락을 얻었다.

녹동항에서

1박2일 남도여행 길에 오른다. 임진년 들어 첫 여행인 셈이다. 당일치기나 1박2일 정도의 나들이는 자주하는 편인데도 아직도 소풍 가는 아이처럼 잠을 설친다. 자정께 든 잠이 새벽 네 시쯤 눈이 떠지고 말았다. 눈을 감아도 잠은 오지 않는다. 머릿속에는 아는 길 따라 남해 바닷가를 몇 왕복을 했는지 헤아릴 수가 없다.

해남 쪽에 잠잘 곳을 예약해 두었지만 가는 코스와 돌아오는 코스를 확정짓지 못한 것이 꺼름칙했다. 남해고속도로를 타고 가다 순천에서 강진 쪽으로 달리다 마량 어시장에서 생선회 장을 볼까, 아니면 완도 어시장에 들렀다가 땅끝 쪽으로 내려갈까, 행여 눈이 많이 와 길이 미끄러우면 녹동항으로 내려갔다가 다시 올라올까, 계획의 갈피가 엇갈리자 근심 수준으로 치닫고 있었다. 에라, 모르겠다. 점심은 갖고 가는 주먹찰밥으로 때우고 생선회는 날씨를 봐 가며 정하면 되겠지 하고 다시 이불을 뒤집어썼다.

다섯 도반들이 탄 차 안은 웃음이 넘쳐 났다. 강원도 속초

167

일대를 다녀온 것이 불과 보름 전인데도 여행은 이렇게 즐거운 것이다. "여보세요, 마량 어시장이지요. 감생이 큰 놈 있어요?" 돌아오는 대답은 신정 휴무가 3일까지여서 시장이 문을 열지 않았단다. 급하게 대책회의가 열렸다. 완도 어시장을 들를까 하다가 고흥반도 맨 끝에 있는 녹동항에 들르기로 결론을 내렸다.

녹동 어시장은 풍성했다. 옛날 모습에서 완전히 탈피하여 활어들의 질도 좋았고 종류도 다양했다. 활어공판장에 들어서니 활기찬 사람들의 호객하는 말투까지 정겹게 느껴졌다. "이거 있지라, 14만 원만 줘. 이보다 더 큰 놈은 없어." 고무 다라이 바닥에 엎드려 있던 큰 감성돔이 말귀를 알아들었는지 후닥닥 몸부림을 친다.

입구에 진을 치고 있는 가게의 유혹을 뿌리치기가 쉽지 않다. 그래도 어시장을 한 바퀴 둘러본 다음 살 것을 결정해야 후회를 하지 않는다. 자연산 광어 농어 도다리 우럭 가오리 심지어 개상어 놀래기 게르치까지 없는 게 없다. 우리는 여관의 방값과 저녁과 아침, 두 끼 식사비용을 어림짐작으로 셈해 보니 감성돔을 때려잡을 정도로 허세를 부릴 처지는 아니었다. 공판장 28호 현성수산(정순자, 010-5139-4710)에서 2.5킬로그램짜리 자연산 우럭 한 마리를 6만 원에, 도다리 8마리(4kg)를 킬로그램당 2만 원씩 8만 원에 샀다. 이 정도면 세 끼 식사에 곁들이는 생선회 안주 겸 반찬으론 훌륭할 것 같았다.

대구에서 가까운 포항, 감포, 강구 등 동해 주변의 어시장에 비하면 거의 반값 수준이었다. 생선을 회로 쳤더니 세 개의 대형 쟁반에 가득했다. 우린 시장 입구 길거리 탁자에 점심상을 차렸다. 가게 주인이 주안상을 차리는 우리를 보고 해삼 한 접시와 세발낙지 10마리를 덤으로 갖다주었다. 그럭저럭 생선회에 소주 세 병, 주먹밥 세 덩이, 김치와 와사비 간장이 전부였지만 장꾼들이 간단한 도시락을 먹는 식탁이 오히려 비좁았다. 풋고추와 마늘도 없었지만 도반들의 얼굴에는 하나같이 미소가 번지고 있었다.

지난해 겨울, 강원도 묵호 어시장에서는 5만 원짜리 우럭 한 마리를 회로 쳐서 공동화장실 앞 잔디밭에 고기상자 두 개를 엎어 상을 차린 적이 있었다. 그때는 위스키 한 병을 세 사람이 폭탄주로 마시느라 모두들 수준 높게 취했다. 술 한잔 거나하게 마시고 나니 "갈매기야 갈매기야 부산 갈매기야"란 노래 속에 들어 있던 갈매기가 목구멍으로 튀어나오더니 '고장 난 벽시계'까지 하늘에 걸리기도 했다. 옛날 어른들이 "술만 한 음식이 없다"라는 말뜻을 그때 처음 알았다.

그러나 오늘은 눈발이 흩날리는 새초롬한 날씨여서 하늘에서도 목에서도 갈매기는 날아오르지 않았다. 어시장을 드나드는 장꾼들이 '무엇을 그렇게 맛있게 먹나' 들여다보았지만 우린 개의치 않았다. 오늘도 묵호에서처럼 위스키 폭탄주나 진득하게 마셨으면 도반들은 태진아의 〈옥경이〉를 불러내 송대관이의 〈네박자〉에 맞춰 '쿵짝 쿵짝'하고 새해 지신밟기를 했을 텐데 그러질 못했다.

이제 보성, 장흥, 강진을 거쳐 해남으로 달려가야 한다. 하늘은 낮게 내려앉아 조금씩 조금씩 눈발을 뿌리고 있다.

금강산 건봉사에서

금강산 유람길에 오르는 것을 평생의 소원으로 삼은 적이 있다. 고등학교 국어 교과서에 실린 정비석의 「산정무한」이란 산문을 읽고 나서였다. 그걸 영어로는 버킷 리스트(bucket list)라고 부르는데 나의 제1호 버킷이 금강산을 오르는 것이었다.

그 당시 금강산 구경은 그림의 떡이 아니라 불가능한 일이었다. 한국동란 이후 남과 북은 휴전선 이쪽과 저쪽에 철조망을 쳐두고 서로 총부리를 겨누고 있었다. 하늘을 나는 새나 넘나들 뿐 덩치가 큰 짐승들도 넘어선 안 될 선을 넘다가는 자칫 지뢰를 밟아 죽는 수가 허다했다. 꽁꽁 막혀 있는 비무장지대를 무슨 수로 넘어가 금강산 유람을 한단 말인가. 생각 자체가 허튼 수작일 뿐 가능성은 전혀 없었다.

대학에 진학하여 산악부에 들어갔다. 금강산 유람이 불가능하다면 꿈을 더 키워도 손해 볼 게 없다는 객기가 발동했다. 제2호 버킷을 개마고원을 거쳐 백두산에 올라 천지를 끼고 우리 민족의 영산을 한 바퀴 돌아보는 것으로 잡았다. 이것 역시 실현 가능성은 눈곱만큼도 없었다. 그렇지만 "청년들이여, 야망을 가져라"라는 말이 영 헛소리만은 아닐 것 같아 내 나름대로 버킷을 품고 사는 재미는 그런대로 솔솔 했다.

꿈의 금강산이 현실로 돌아온 것은 사십 년 뒤인 1998년이었다. 산악인 몇몇과 배낭을 꾸려 봄가을 두 차례에 걸쳐 외금강 코스인 구룡폭포, 귀면암, 상팔담, 천선대, 망양대 등을 오르는 호사를 누렸다. 세 번째는 외금강이 아닌 내금강 코스로 들어가 「산정무한」에 나오는 장안사터와 표훈사 보덕암 묘길상 등을 둘러봤다. 덤으로 해금강과 삼일포까지 돌아봤으니 금강산에 대한 소원은 제대로 푼 셈이다. 그리고 백두산도 2002년 서파코스 종주를 했으니 완벽하지는 않지만 어릴 적 꿈은 그런대로 이룬 편이다.

옛날에도 문인 묵객을 비롯하여 승려들과 벼슬아치들까지 금강산 유람을 정신적 사치로 여겼다. 어떤 이들은 몇 개월씩 머물며 수묵산수화를 그리기도 하고 문인들은 이름난 명소에서 시와 글을 지었다. 지금도 겸재의 화첩을 들춰보면 만폭동, 구룡폭포, 삼일포, 해금강, 총석정 등 금강산의 빼어난 경치들이 멋진 풍경으로 화선지 위에 재현 되어 있다. 그리고 칠칠이라 불렀던 최북이란 화가는 외금강 구룡폭포를 보고선 "비로소 내 죽을 자리를 보았다"라며 바로 폭포 아래로 몸을 던진 일화는 너무나 유명하다.

나는 지금도 금강산에 대한 감동과 감흥이 너무 커 세 번을 다녀오고도 단 한 편의 글도 쓰지 못했다. 감동은 곧잘 주눅과 연결된다. 남성이건 여성이건 간에 마음을 터놓는 만만하고 친근한 사이라야 장난질과 농담이 통하는 법이다. 상대의 기가 너무 세거나 카리스마가 너무 대단하여 압도당하고 나면 말문과 글문이 한꺼번에 막히는 법이다. 그것을 '주눅이 든다'고 흔히 표현하는데 운동경기에서도 이 같은 현상은 자주 빚어진다.

사실 나도 금강산이란 말만 들어도 주눅이 드는 편이다. 지난번 토요산방 도반들과 강원도 고성에 있는 금강산 건봉사엘 간 적이 있다. 건봉사는 휴전선 부근 금강산 자락에 있는 명찰이다. 한때는 설악의 신흥사와 백담사 그리고 양양의 낙산사까지 말사로 거느린 위엄 있고 거대한 절집이었다. 그런데 건봉사는 전쟁통에 폭격을 당해 그야말로 폭삭 내려앉은 비운의 사찰이었다. 금강산에는 장안사 신계사 등 이름난 명찰들이 전쟁 속에서 잿더미로 변해 지금까지 복원 내지 중창의 손길이 미치지 못하고 있는 곳이 부지기수다.

건봉사는 그동안 민간인 통제구역으로 묶여 있다가 88년 해제 된 후 출입이 자유로워진 곳이다. 절 입구에 도착하니 팔작지붕을 머리에 이고 있는 네 개의 다릿발을 가진 일주문이 우리를 반갑게 맞는다. 통상 일주문은 두 개의 기둥 위에 지붕을 얹는 것이 일반적이다. 또 한 가지 묘한 것은 전쟁통에 건봉사의 모든 건물이 형체 없이 날아가 버렸는데도 네 개의 다리로 버틴 일주문만은 거뜬하게 살아남아 그날의 기억을 전해 주고 있다. 그러고 보니 '스포츠의 기본은 다리 힘'이라더니 사찰을 지탱하는 힘도 역시 마찬가진가 보네.

전쟁의 정의는 "적 아니면 나, 중간이 없는 것"이다. 금강산이란 명산 자락에 있던 명찰인 건봉사도 남과 북이란 중간지점에 어정쩡하게 서 있다가 이런 참화를 입었다니 참으로 안타깝다. 전쟁은 난폭한 교사다(The war is violent teacher). 난폭한 교사는 전쟁을 통해 평화를 가르치는 법인데 북한이 알아들었을라나 모르겠다.

가을, 아름다운 저지레

가을 붓질 채색잔치에 올가을을 몽땅 헌납했다. 우리나라 단 풍은 백두에서 출발하여 금강, 설악, 치악을 거쳐 태백과 지리 산을 지나 땅끝 두륜산에서 마지막 몸부림을 치다 마침표를 찍는다. 나무들이 발광(發光)하는 저들의 축제에 왜 몸이 달아 이리 뛰고 저리 뛰어다녔는지 알다가도 모를 일이다.

구령에 맞춰 노랑 치마로 갈아입는 은행나무를 생강나무와 고로쇠, 물푸레나무가 힐끗 쳐다보더니 저들도 바쁜 손놀림으 로 노란 옷으로 갈아입느라 부산을 떤다. 당단풍과 화살나무 그리고 옻나무가 붉은 스웨터를 걸치고 패션쇼 맨 앞줄에 서 자 여기저기서 박수갈채가 터져 나온다.

깜짝 놀란 갈참, 졸참, 떡갈, 서어나무가 노을빛 주황색 깃 발을 들고 빨강과 노랑 사이에 끼어들며 색깔의 고참 순서를 따진다. "우리는 '빨주노초'의 '주'자 항렬이야. '노'자가 까불 고 있어." 지금 산천은 나무들의 단풍 서열 싸움이 치열하게 벌어지고 있는 가을이란 계절이다. 단풍에도 계절의 표정이 있다. "단풍이 꽃이라면 가을은 두 번째 봄"이란 알베르 카뮈의 단풍예찬에 박수를 보낸다.

단풍철에 가장 철없이 구는 것들이 있다. 늘 푸른 소나무와 하늘을 찌르는 전나무 같은 사철나무들은 체면 없이 우둔하다. 단풍나무와 은행나무가 서커스 크라운의 복장을 하고 꽹과리를 치면서 놀이판으로 뛰어나온다. 그러자 사철나무들은 엉겁결에 단풍색을 찍어 바른다는 것이 물감 선택을 잘못하여 더 푸른 색칠을 하고 가을 잔치에 왔나 보다.

나무들이 부끄러워 할까봐 하늘도 잉크를 떨어뜨린 푸른 물 한 바가지를 덮어쓰고 철딱서니 없는 그룹에 끼어든다. 하늘과 한통속인 바다도 바짓가랑이를 걷어 올린 채 상모를 돌리며 파도치듯 다가오면 가을은 한껏 무르익는다. 부안의 내소사 입구 전나무 숲길에 들어섰다가 깜짝 놀랐다. 모든 잎이란 잎들이 유독 추위에 약한 녹색을 구역질하듯 토해 내고 있는 이 시기에 전나무 숲은 오히려 푸름을 담금질하고 있으니 세상일은 한 가지 공식으론 풀 수가 없다.

올 단풍맞이 행사는 서해로 정했다. 해마다 단풍철이 오면 포항에서 묵호를 거쳐 강릉과 설악 일원을 헤매고 다녔다. 맛난 음식도 자주 먹으면 물리듯 올해는 목포에서 하의도를 거쳐 곰소 격포 쪽으로 방향을 돌렸다. 그러나 서해 단풍은 기대했던 것만큼 욕심을 충족시켜 주지는 않았다. 역시 산은 높고 깊어야 단풍도 색깔이 짙고 아름다워지는 법이다.

목포 앞바다에 떠 있는 섬들은 시절이 일러 아직 단풍이 들지 않았고 부안의 내소사에 들어서서야 단풍 같은 단풍을 만날 수 있었다. 흔히들 가을을 조락의 계절이라 말한다. 그러나 내소사의 단풍 숲에 갇힌 듯한 전나무들은 가을 햇볕을 받아 더욱 정정하다. 가을은 성능이 다된 배터리처럼 무화(無化)쪽으로 치닫는 허무의 시간만은 아닌 것 같다.

허기야 가을비에 젖은 나뭇잎들이 미화원의 빗자루 끝에 실려 나가지 않으려고 발버둥치는 걸 보면 까닭 모를 쓸쓸함이 밀려온다. 거기에다 썩어 흙이 되기 전 잠시 쉴 곳을 찾아 길 떠나려는 잎새들을 〈낙엽따라 가 버린 사랑〉을 부른 차중락의 목소리가 데리고 가 버리면 마음은 허허롭기 짝이 없고 어느새 두 눈엔 눈물이 괸다.

가을바람 또한 바둑판의 훈수꾼 역할을 톡톡히 하고도 남는다. 그래서 바람은 오지랖이 넓다. 가을바람은 여름 바다의 기억을 생생하게 되살려 영혼을 컬컬하게 달구어 놓는다. "가을에는/ 기도하게 하소서/ 낙엽들이 지는 때를 기다려/ 내게 주신/ 겸허한 모국어로/ 나를 채우소서"란 가을 시를 하루아침에 바꾸어 버린다.

"삭풍은 나무 끝에 불고 명월은 눈 속에 찬데"라는 시창(詩唱) 소리가 들리면 겨울 속에 앉아 다시 봄을 기다리는 기도를 드려야 한다. 그래서 가을은 바람맞이 언덕에 선 스란치마를 입은 여인과 같다.

바람은 소리가 아니라 사실은 적막이다. 부딪히지 않으면 소리가 나지 않는다. 보이지도 않는다. 나뭇잎도 공기 속에 물너울 같은 파문을 일으키며 떨어져 바람에 쓸려갈 때 비로소

177

서걱거리는 소리가 난다.

　가을바람 속엔 어제의 추억이 묻어 있다. 가을에는 잊어버린 것들과 잃어버린 것들까지 제자리로 돌아와 현관문을 연다. 가을은 잘난 것, 못난 것 가리지 않고 모든 것을 아우른다. 돌이켜 보기도 싫은 추한 과거까지 잊지 못할 추억으로 승화시켜 준다. 바로 가을이 저지르는 아름다운 저지레다.

폭설을 기다리며

문정희의 「한계령을 위한 연가」란 시 한 수를 싣고 서쪽으로 달린다. 서해가 가까운 어느 포구로 가면 눈이 펑펑 쏟아지는 눈 속에 갇힐 수 있는 '시의 마을'을 만날 것 같은 예감 때문이다. 내가 살고 있는 이 도시는 영하 10도가 오르내리는 아직 정월이지만 눈 한 톨 내리지 않았다. 마침 뉴스에서도 "서해와 남도 쪽에는 눈이 오고 전국적으로 눈 아니면 비가 온다"라고 했으니 마음은 한껏 부풀어 있는 상태.

나는 왜 올해 들어 유난히도 눈 오기를 기다리는가. 텔레비전에서 눈 소식이 전해지기만 하면 엉덩이를 들썩거렸지만 흩날리는 눈 구경만 했을 뿐 파묻히는 폭설에 취하지는 못했다. 눈 속에 고립되면 지겹도록 불편하고 두려운 건 사실이다. 그런데 왜 눈에 갇히지 못해 이렇게 안달하는가. 그건 아마 이런 시 한 편이 주는 감동 때문이 아닌가 한다.

"한겨울 못 잊을 사람하고/ 한계령쯤을 넘다가/ 뜻밖의 폭설을 만나고 싶다./ 자동차들은 뒤뚱거리며/ 제 구멍들을 찾아가느라 법석이지만/ 한계령의 한계에 못 이긴 척 기꺼이 묶였으면./ 오오, 눈부신 고립./ 사방이 온통 흰 것뿐인 동화의 나라에/ 발이 아니라 운명이 묶였으면./ 이윽고 날이 어두워지면 풍요는/ 조금씩 공포로 변하고, 현실은/ 두려움의 색채를 드리우기 시작하지만/ 헬리콥터가 나타났을 때에도/ 나는 결코 손을 흔들지는 않으리.(중략)/ 헬리콥터가 눈 속에 갇힌 야생조들과/ 짐승들을 위해 골고루 먹이를 뿌릴 때에도/ 나는 결코 옷자락을 보이지 않으리./ 아름다운 한계령에 기꺼이 묶여/ 난생처음 짧은 축복에 몸 둘 바를 모르리."

다섯 도반들의 남도여행 첫 시동을 아침 여섯 시에 걸었다. 경상도의 도계를 넘어 전라도로 진입하면 산천의 색깔과 느껴지는 기운이 달라진다. 우선 전라도 쪽에는 길가에 정자가 많고, 조상의 무덤들이 깔끔하게 정리되어 있다. 이런 정자터와 묘자리는 우리 같은 도시의 노마드(Nomad)들에겐 정말 맞춤한 식사 장소여서 더할 나위 없이 고마운 곳이다.

광주를 지나 나주로 내려가는 길섶의 산천은 매우 아름다웠다. 그곳의 수은주도 영하의 기둥을 붙들고 '영상으론 죽어도 못 올라가' 하며 앙탈을 부리고 있었다. 그러나 나목으로 버티고 있는 나뭇가지에는 벌써 알 듯 모를 듯 푸른 기운이 내비치고 있다. "겨울이 오면 봄이 그리 멀겠는가"라고 읊은 P. B. 셸리 선생의 말씀이 새삼스럽다.

달리는 차창에 비치는 원경 속의 문필봉과 무덤들은 마치 기하 노트를 펼쳐 놓은 것 같다. 그건 삼각형과 원이었다. 문득 "이등변 삼각형의 두 변 길이는 한 변의 길이보다 길다"라는 기하 선생님의 가르침이 생각나 혼자 웃었다. 그러다 보니 "자연이란 책은 모두 수학의 언어로 쓰여 있다"라던 갈릴레이 말이 그렇게 절실하게 와 닿을 수가 없었다.

그래, 맞다. 신이 만든 이 세상은 온통 통일된 기호로 표현되어 있구나. 그리고 종족 간의 언어 또한 전혀 이질적인 것이 아니라 하나님이 듣기에 구별하기 좋도록 장(chapter)별로 파트를 다르게 묶어 놓은 것일 수도 있겠구나. 생각이 여기까지 미치자 삼라만상의 비밀과 우주의 신비까지도 이 기호만 알면 쉽게 풀어 낼 수 있을 것 같았다.

이건 순전히 '의식의 호작질'이다. 점심을 먹기로 되어 있는 법성포에 도착할 때까지 아궁이 앞에 앉아 불장난을 하는 어린아이처럼 꼬리에 꼬리를 물고 달리는 생각을 노리개 삼아 지루하지 않은 여행을 즐길 수 있었다.

이번 나들이의 아홉 끼 식사 중 단 한 끼만 법성포 굴비정식을 사 먹기로 했다. 물어물어 찾아 간 전문집이 법성포 터미널 옆 007식당이었다. 1인분 2만 원짜리 굴비정식에 달려 나오는 반찬이 너무 많았다. 조기찌개, 병어조림, 홍어삼합, 게장, 장어구이, 갈치구이, 간재미무침을 비롯하여 다른 반찬들도 갯내음 솔솔 나는 것들로 밥상이 비좁았다.

"이럴 줄 알았으면 굴비백반이나 시킬 걸" 하고 넋두리를 하며 앉아 있으니 "백반 시키면 이런 반찬 누가 준대" 하고 '티방'을 준다. 창밖에는 함박눈이 내리는데, 쌓일라나 모르것네.

묵호항 갈매기

우리나라 바다를 통틀어 동해가 가장 바다답다. 동해의 기상은 마도로스가 연상될 정도로 사나이답다. 그건 오입쟁이를 닮은 파도라는 에너지 탓이다. 파도는 "어머, 나 죽네" 하고 무너지는 여인네를 인정사정 보지 않고 계속 밀어붙이는 열정의 힘이다.

어느 작가는 "뭍의 발기가 결연한 의지로 바다 깊이 삽입되어 있는 곳이 곶(串)이다. 곶이 만을 감싸고 포구는 남편 잘 만난 아낙네처럼 얌전하게 만의 품에 안겨 비 맞고 몸부림치는 곶 끝의 으르렁거림에도 불구하고 혼곤하게 잠들어 있다"라고 쓴 적이 있다. 그는 뭍에서 돌출한 곶을 남성으로, 곶이 삽입된 바다를 여성으로 보았다. 그러면서 곶의 안쪽인 만(灣) 안에 숨어 있는 포구도 파도라는 남성을 받아들이는 여성으로 인식했다.

만의 품에 안겨 있는 포구는 잠을 자면서도 푸른 바다의 꿈을 꿀 수 있는 것은 모두 파도의 덕이다. 후려치고 뒤집는 등 거친 기운을 마지막엔 다정함으로 표현할 줄 아는 파도의 사랑기술이 한 마당 굿판을 벌이고 지나간 다음에는 이렇게 아낙을 혼곤한 잠의 세계로 인도하는 것이다.

포구의 연인인 파도도 때론 원망의 대상이 될 때가 있다. 그것은 마누라 무서워 집에선 쓰지 못하고 우체국 한쪽 구석에서 연애편지를 써서 띄우는 시인에 의해서 저질러진다. '푸른 말'이란 아호를 가진 시인은 죄 없는 파도를 향해 시비조의 푸닥거리 한 판을 벌인다.

"파도야 어쩌란 말이냐/ 파도야 어쩌란 말이냐/ 임은 물같이 까딱 않는데/ 파도야 어쩌란 말이냐/ 날 어쩌란 말이냐" 유치환 시인의 「그리움」이란 시다. 시인이 아무리 떼쓰며 엉겨붙어도 파도는 말이 없다. 혼잣말로 "네가 저질러 놓고 왜 나더러 야단이야" 하고는 "나 죽네" 작업을 계속한다.

위의 단상은 묵호에서 관광열차를 타고 강릉으로 가다가 푸른 파도를 보고 느낀 생각을 적은 것이다. 여행은 이렇게 좋은 것이다. 도반들과 함께 새벽 6시 20분 동대구발 강릉행 무궁화호 열차를 타고 묵호에서 내렸다. 묵호 어시장은 서해의 대천, 남해의 여수와 더불어 어종도 다양할 뿐 아니라 다른 곳에 비해 자연산 생선의 종류도 다양하고 가격 또한 어질고 착한 편이다. 그래서 설악산을 다녀오거나 강릉, 속초에 걸음할 일이 있으면 오르내리면서 이곳에 들러 허기진 미각을 채운다.

묵호 어시장에는 그동안 몇 번 들렀는지 일일이 기억할 수 없다. 그러나 정말 좋은 횟감을 만나 즐긴 인연은 떠나 버린 여인처럼 잊으려 눈을 감아도 더 생생하게 떠오른다. 연전에 강릉에서 내려오는 길에 묵호 어시장엘 들렀더니 마침 파장이다. 횟감 중에서도 가장 비싼 이시가리(줄가자미) 네 마리를 5만원에 샀던 횡재는 두고두고 이야깃거리로 남아 있다. 이번에는 22호 동해수산(주인 이상보, 011-375-4947)에서 감성돔과 우럭 각 한 마리씩을 제법 솔깃한 가격에 샀더니 오징어와 도다리 몇 마리를 덤으로 얹어 주었다.

어시장 인근 공동변소 옆 잔디밭에 고기상자 세 개를 엎어 술상을 차리고 추위 탓에 풀죽어 있는 국화 한 송이를 빈병에 꽂아 한껏 멋을 부려 보았다. 세 사람이 독한 위스키 한 병을 맥주에 섞어 마셨더니 목구멍에서 갈매기 한 마리가 톡 튀어 나와 바다 쪽으로 날아갔다. "묵호 가알-매기, 묵호 가알-매기, 너는 버얼-써 나를 이저었나-"

길거리 식탁과 꽃 한 송이

꽃은 먹어서 배부른 음식은 아니다. 그러나 꽃은 음식 맛을 부추기는 향료나 고명과 같은 효과를 내기도 한다. 그걸 공연 예술에 대입하면 백댄스나 배경음악과 비슷하다고나 할까. 허브 식물의 꽃잎 즉 비올라, 나스터튬, 임파첸스 등을 밥 위에 얹어 꽃밥을 만들어 먹는 걸 보면 이젠 꽃도 음식 반열에 오른 것 같다.

꽃을 급수로 따지면 밥이나 향보다는 몇 수 정도 높은 것 같다. 신라 향가에 나오는 「헌화가」를 보면 산중 늙은이가 순정공의 아내 수로부인에게 절벽 위의 꽃을 꺾어 바치는 장면이 나온다. "자줏빛 바위 가에/ 잡고 있는 암소 놓게 하시고/ 나를 아니 부끄러워하시면/ 꽃을 꺾어 바치오리다." 하필이면 왜 꽃을 꺾어 마음을 표시했을까.

송강의 장진주사에도 꽃 이야기가 나온다. "한 잔 먹세그려. 또 한 잔 먹세그려. 꽃 꺾어 산(算)노코 무진무진(無盡無盡)먹세그려. 이몸 주근 후면 지게 위에 거적 덮어 주리혀 묶여가나 떡갈나무와 백양나무 숲에 가기만 곧 가면 누런해 흰달 가는비 함박눈 소소리 바람 불제 뉘 한 잔 먹자할꼬." 노인의 정표였던 꽃이 시대가 바뀌면서 술자리의 주판으로 둔갑하여 술 한 잔이 꽃잎 하나로 계산된다.

그러다가 근세로 접어들면 꽃은 꽃으로 머물러 있지 않고 잊어지지 않는 하나의 의미로 이미지가 바뀐다. "내가 그의 이름을 불러 주기 전에는/ 그는 다만/ 하나의 몸짓에 지나지 않았다./ 내가 그의 이름을 불러 주었을 때/ 그는 나에게로 와서/ 꽃이 되었다./ 내가 그의 이름을 불러 준 것처럼/ 나의 이 빛깔과 향기에 알맞은/ 누가 나의 이름을 불러 다오./ 그에게로 가서 나도/ 그의 꽃이 되고 싶다./ 우리들은 모두/ 무엇이 되고 싶다./ 나는 너에게 너는 나에게/ 잊혀지지 않는/ 하나의 의미가 되고 싶다."(김춘수의 시 「꽃」)

여자의 변신은 무죄이듯 꽃의 변신도 무죄인가. 여행 도반들은 꽃에 대한 관심과 열정이 남다르다. 바닷가 여행중에 길거리 식탁을 차리더라도 꽃이 없으면 밥을 먹지 않는다. 생선회를 뜨는 와중에 쑥부쟁이나 개망초라도 한 송이 꺾어와 소주병에 꽂아야 비로소 주회(酒會)가 시작된다. 꽃과 함께 하는 식탁은 우리가 누릴 수 있는 최상의 풍류지만 그건 어쩌면 살아 있음에 감사하는 진정어린 기도가 아닐까.

도반들은 꽃에 대한 정성도 지극하지만 스스로를 치켜 올리는 존심(尊心)이 곧 자존(自尊)임을 안다. 가령 자동차 한 대에 네 사람이 타고 여행을 떠날 경우 신분을 나타내는 사회의 직함을 호칭으로 부르지 않는다. 운전하는 이는 기장, 옆자리 앉은 이는 부기장 또는 네비게이션, 뒷자리에 앉은 이는 사무장과 스튜어디스라 부른다.

차를 항공기로 격상시키고 보니 도반들 모두가 근사한 승무원 직책을 얻게 된 것이다. 마크 트웨인이 쓴 『허클베리 핀의 모험』이란 소설에나 나올 법한 남들이 들으면 웃을 이야기지만 늙은 아이들도 때론 '동화 속의 소년'으로 돌아가는 것도 꽤나 재미있는 일이다.

거제도 남부면 어느 정자나무 그늘에선 코스모스로 곧 신부 입장이 있을 식장처럼 장식하고 멋진 '풀밭 위의 식사'를 즐긴 적이 있다. 또 장승포 선착장에선 고기상자 식탁을 인근 텃밭 꽃들로 치장한 후 생선회를 뜨고 있으니 지나가던 어부들이 "회는 제대로 잡수실 줄 아시네요" 하고 축원해 주었다.

"사람들을 너무 많이 만나면/ 말에 취해서 멀미가 나고/ 꽃들을 너무 많이 대하면/ 향기에 취해서 멀미가 나지/ 너무 많아도 싫지 않은 꽃을 보면서/ 사람들에게도 꽃처럼/ 향기가 있다는 걸 새롭게 배우기 시작하지."(이해인의 시 「꽃 멀미」)

꽃 멀미 속에 사람 향기나 맡으며 그저 외롭지 않게 황혼을 맞았으면.

꽃지해수욕장의 조개구이

이번 여행은 충청남도 바닷가를 한 바퀴 도는 것이다. 서해 쪽은 생선보다 조개가 판을 치는 고장이다. 그쪽으로 여행을 다녀온 사람들은 "맨발로 바다에 들어가 조개를 잡아 연탄 화덕구이를 해 보지 않고는 서해 바다를 봤다고 말하지 말라"라고 했다.

조개구이는 그냥 별미일 뿐 생선회보다는 맛이나 급수가 떨어지는 게 사실이다. 그렇지만 한 번쯤 경험해 보는 것도 좋을 성 싶어 이번 여행의 먹거리 중에 하나로 조개구이를 끼워 넣기로 했다. 출발 전날 조개구이 장비를 챙기는데 생각은 벌써 서해 바다로 달음질쳤는지 입에선 빌리본 악단이 연주한 〈진주 조개잡이(Pearly shells)〉가 나도 모르는 사이에 흥얼거려졌다.

요리의 필수 덕목은 격식이다. 첫째는 불(연료), 둘째는 연장(솥 또는 냄비), 셋째는 그릇, 넷째는 향신료다. 조개구이는 연탄불도 그런대로 무난한 편이지만 참숯화덕보다는 격이 떨어진다. 그래서 우리 팀은 웨버(weber)라는 미국제 구이 전용

화덕과 참숯을 준비하고 손잡이 달린 석쇠를 준비했다. 그리고 조개에는 바닷물이란 천연 간이 배어 있긴 하지만 여행도 반들의 별난 입맛을 위하여 통후추 와사비 재피 참기름 천일염 등 다양한 향신료를 챙겨 넣었다.

우리 다섯 도반들은 충남 바닷가 유람에 나선 김에 쉽게 가볼 수 없는 방조제를 일일이 한번 훑어보기로 작정하고 떠났다. 이번 2박3일 여행중에 지나가야 할 방조제는 모두 일곱 개쯤이었다. 나열하면 삽교천, 석문항, 대호, 서산A지구, 서산B지구, 남포, 부사방조제 등이었다.

낯선 지역에서 숙소를 정한다는 것은 만만찮은 일이다. 모텔이든 펜션이든 간에 우선 깨끗해야 하고 가격이 수준에 맞아야 한다. 우리 팀은 여행기간을 비수기 주중을 원칙으로 하고 있다. 성수기의 주말 숙박비는 주중보다는 배 정도 비싸다. 특히 여름철 이름난 해수욕장이나 섬에는 방값이 부르는 게 값이다.

도반 중에 얼레를 떨어 가며 에누리를 잘하는 친구는 전화로 가격을 대충 알아본 후 주인을 만나면 "경로우대가 되느냐" 하고 묻는다. 그는 지하철은 물론 국립공원의 경로 공짜 우대를 들먹이며 주민등록증을 꺼내 보이며 지공법인(지하철 공짜 손님) 간부라고 큰소리친다. 펜션 주인은 어이가 없어도 유머러스한 엄살에 넘어가지 않을 도리가 없다. 그렇지만 우리가 차린 생선회 식탁에 주인어른을 초대하는 것으로 충분하게 보상한다. 여행의 즐거움은 바로 이런 데 있다.

첫날 머문 충남 당진군 석문면 장구항리의 '1박2일 펜션'
(041-353-9511)도 예외는 아니었다. 경로우대를 받아 6만 원
에 자고 일어나니 아침 해가 '좀더 깎지 그랬어' 하는 투로 빙
긋 웃었다. 엊저녁에 남은 밥을 라면 국물에 말아 먹고 다시
길을 떠났다.

홍성 남당리 어시장에 들렀더니 바다에 흉년이 들었는지 장
꾼들로 붐빌 시간인데 분위기는 파장이다. 자연산 홍합과 개
조개를 사서 꽃지해수욕장 쪽으로 달렸다. 캘린더에 나오는
꽃지 풍경은 사람을 품어 줄 만큼 아늑했는데 추운 날씨 탓으
로 황량하고 을씨년스러웠다. 아무리 둘러봐도 점심 식탁을
차릴 만한 바람막이 공간은 보이지 않았다.

"할 수 없다. 버스정류소 유리 칸막이 안으로 들어가자." 궁
즉통(窮卽通)이란 게 바로 이런 것이구나. 전용 주차장 안 버
스 승객들의 기다림 장소가 백수집단의 부엌으로 바뀌다니.
상전벽해를 눈앞에 펼쳐놓은 것 같다. 화덕의 참숯에 불을 지
피고 홍합을 올려놓으니 조개 자체가 솥도 되고 뚜껑도 되어
저들끼리 야단이다.

참숯 홍합은 소주 안주론 정말 환상적이다. 내 앞의 도반은
한 잔 마시고는 붉으레하게 잘 익은 홍합 속살을 입에 넣으며
"너무 닮았어" 하며 자꾸 웃는다. 나는 말뜻을 알아채지 못해
웃지 않았다. 정말이다. "우하하하."

어진이네 자리돔회

여행의 3요소는 풍경, 음식, 사람이다. 맞는 말이다. 나이가 들면서 곰곰 생각해 보니 요소의 순서가 사람, 음식, 풍경의 순으로 뒤바뀌었다. 순서가 어찌됐건 간에 낯선 곳으로 떠난다는 것은 분명 즐거운 일이다. 이를 좀 근사하게 말하면 '경불여식 식불여심(景不如食 食不如心)'이라 해도 좋으리라.

젊은 시절에는 오로지 '떠난다'는 사실만이 즐거워 먹거리와 잠자리가 다소 불편해도 아무 상관이 없었다. 그러나 늙마에 이르면 불편을 싫어하고 안락을 시녀처럼 거느리고 싶어한다. 그래서 경치보다는 음식, 음식보다는 마음에 맞는 주변 친구들을 더 중요하게 생각한다.

이 요소들을 제대로 지킬 줄 아는 친구들과 최근 4박5일 일정으로 제주로 떠난 적이 있다. 이 모임의 멤버들은 풍경보다는 인정을 우위에 두지만 때론 음식을 맨 앞에 기수로 내세워 장거리 행군을 할 때도 있다. 준비물은 각자 알아서 챙기되 술한 병과 반찬 한 가지 이상은 필수였다. 술은 막걸리든 양주든 종을 지정하진 않았다. 그것 역시 '너를 믿는다'는 인심을 최선으로 치는 불문율이 크게 작용한 탓이다.

출발 후에는 숙식장소를 묻지 않는 것을 원칙으로 삼았다. 아무도 오늘 밤을 위해 머물 곳을 아는 사람이 없었다. 그것은 이번 나들이가 무계획 속에 이뤄지는 '슬로 투어'였기 때문이었다. 인생은 반드시 바른 목표를 세우고 일로매진해야 하지만 은퇴자들의 느슨한 여행에는 타이트한 스케줄이 오히려 방해가 될 때가 많다. 그래서 '머무는 곳 그 어딜지 몰라도' 먹고 잠자야 할 곳이 필요할 때마다 임기응변식으로 정하기만 하면 아무런 이의가 없었다.

그러나 그것은 어디까지나 겉포장일 뿐 행사를 뒤에서 주도하는 리더의 머릿속에는 쫀쫀한 계획표가 들어 있기 마련이다. 부산-제주 간 페리호에서 밤바다의 정취를 즐긴 후 하선하면 바로 올레 1코스로 달려가 15킬로미터를 걷는 일. 걷는 내내 탐라의 맑은 공기를 폐부 깊숙이 들이마시며 더 넓게 펼쳐져 있는 푸른 바다와 한라산을 생각으로 탐하고 눈으로 간음할 것을 은근하게 부추기는 일. 그리고 돌담에 기대어 해풍 맞은 탱글 무를 씹으며 그동안 바쁘게 살아온 지난 생애와 앞으로 남아 있는 날들을 헤아려 보면서 과연 무엇을 위해 어떻게 살아야 할지를 한 번쯤 생각해 보는 시간을 갖게 하는 일들이 모두 그의 몫이다.

아침 일찍부터 서둘렀지만 올레길에서 내려오니 점심시간이 지나 있었다. 서부두 물항식당에서 먹은 아침 갈치국 백반은 근기가 없는지 모두들 허기를 느끼고 있었다. 이번 제주에

온 궁극의 목표는 서귀포 보목동 261 어진이네 횟집(064-732-7442)에서 제주 특산 자리돔 요리를 즐기는 것이다.

눈에 선한 자리돔 물회를 머릿속으로 그리며 표선을 거쳐 서귀포로 달린다. 렌트카 운전기사는 자기가 추천하는 식당에 가질 않고 우리가 "어진이네 횟집으로 가자" 하고 닦달하니 "위치를 모른다" 하며 어깃장을 부린다. 제주 지리를 훤히 꿰고 있는 투어 프로들에게 그런 수작이 통할 리가 없다.

식당의 벽면을 쳐다보니 '어진이네 자리는 기계로 썰지 않는다'고 씌어져 있다. 물회 한 그릇에 밥과 반찬 끼워서 몽땅 7천 원이다. 값만 싼 게 아니라 양도 넉넉한 편이다. 우린 물회, 강회, 무침, 구이 등 자리돔으로 만드는 메뉴는 모두 시켰다. 식탁은 풍성했고 고팠던 배가 불뚝 일어섰다.

이 집의 자리돔 요리는 뼈와 지느러미를 제거하지 않는 것이 특징으로 입안을 꼭꼭 찌르며 씹히는 맛이 일품이다. 먹는 이의 식성에 따라 다르겠지만 자리강회와 자리구이가 특별히 맛있었다. 자리돔을 먹고 앉았으니 요즘 유행하는 광고 카피가 언뜻 떠올랐다. "자리돔! 남자한테 참 좋은데, 여자한테도 정말 좋은데. 어떻게 표현할 방법이 없네. 직접 말하기도 그렇고."

겨울 바다와 눈꽃송이 회

겨울 바다의 주인은 문학소녀들인 줄 알았다. 시, 소설, 수필을 즐겨 읽으며 시인이나 작가가 되기를 열망하는 젊은 여성들은 바다, 특히 겨울 바다라고 하면 탄성을 지르며 자지러진다. 겨울 바다에 무엇이 있길래 이렇게 감정을 주체하지 못하는 걸까.

여태까지 살아오면서 문학을 위해, 아니 문학적 어리광을 부리고 싶어 겨울 바다를 찾은 적은 단 한 번도 없다. 겨울 바다를 느끼기 전에 그런 치기 자체를 유치한 걸로 인식하고 있었기 때문에 춥고 바람 부는 그곳에 갈 필요를 느끼지 못했다. 사실 겨울 바다는 황무지 다음으로 황량한 곳이다.

젊은 시절, 딱 한 번 혼자 겨울 바다를 찾은 적이 있다. 문학소녀들처럼 감성에 이끌려 어쩔 줄 모르고 바다에 간 게 아니라 이성의 지시에 따라 찬바람이 쌩쌩 부는 겨울 바닷가에 선 것이다. 남들이 들으면 웃을 일이지만 값이 산 땅을 좀 사서비쌀 때 팔면 돈이 될 것 같아 요즘 청문회에 나와 곤욕을 치르는 고위공직자들과 같은 투기꾼 심보를 앞세워 그렇게 겨울 바다에 간 것이다.

적금을 들다 해약한 돈 20만 원으로 촌집 한 채 사려던 투기꾼의 눈에 문학은 보이지 않았다. 아는 이 하나 없는 겨울 바닷가에서 아무런 대책이 서질 않아 한 시간쯤 서성거리다가 돌아서 버린 기억은 지금도 아련하다. 그때가 70년대 초반으로 수원-강릉 간 고속도로가 개통되어 박정희 대통령이 텔레비전에 나와 축사를 하던 날이다.

당시 나의 머릿속에는 앞으로 우리나라는 고속도로가 거미줄같이 연결될 것이며 다음 차례는 포항-강릉 간 고속도로가 우선 일순위라고 생각했다. 그러면 지금 헐값에 사 둔 집값은 다락같이 오를 것만 같았다. 예상이 그리 틀린 것은 아니었지만 시기를 예측하는 속도가 너무 빨라 무너진 사랑탑 꼴이 되고 말았다.

겨울 바다를 이야기한다는 것이 너무 넘쳐 버렸다. 얘기를 제대로 해보자. 기차여행을 겸한 당일치기 바닷가 나들이 장소로는 기장이 적격이다. 기장은 해운대 옆 동네로 대변항과 맞은편 연화리가 물고 있는 겨울 바다 풍경은 가히 일품이다. 동대구역에서 오전 9시 34분 열차를 타면 2시간 20분 만인 오전 11시 55분 기장역에 도착한다. 돌아오는 열차는 오후 4시 1분.

이곳은 기장역 구내에 홍매가 피는 3월 하순과 아무 볼 것 없는 겨울 바다를 보러 떠난다면 풍경은 덤이다. 백수인 나는 올해 네 번이나 그곳을 다녀왔다. 기장에서 맛볼 수 있는 별미

195

음식은 대변항의 멸치회, 공수마을의 짚불 곰장어, 연화리의 눈꽃송이 장어회가 있다. 멸치회와 짚불 곰장어는 많이 알려져 있지만 눈꽃송이 회는 비교적 생소한 음식이다.

연화리 맨 끝집인 정성장식당(051-721-2417)이 우리 팀의 단골집이다. 눈송이 회는 바닷장어를 잘게 썰어 물기와 기름을 쫙 빼 버린 것이다. 그야말로 흰 눈송이처럼 생긴 회가 대나무 소쿠리에 담겨 나온다. 파도가 하얀 포말을 날리는 날 먹으면 제격이다. 회에 곁들여 나오는 기본 반찬 또한 요리 수준이다. 이곳 바다 밑 돌바닥에서 잡힌 돌낙지와 손톱 크기의 게 볶음 그리고 무진장 리필 되는 기장미역 등이 메인 디시인 눈송이 회를 깔볼 때도 있다. 회는 1킬로그램에 7만 원, 대여섯 사람이 실컷 먹을 수 있다.

해변의 고무 다라이 포장집도 명물이다. 순이와 옥이네(010-4170-3007) 포장집에 앉아 철썩이는 파도소리를 들으며 한 접시에 만 원짜리 해삼과 뿔소라를 안주로 소주 한잔을 걸치면 백수들의 풍류치곤 조금 과하다. 그리고 광장에서 해풍에 말리고 있는 가자미 서대 우럭 등을 싼값에 살 수 있는 것도 이곳 연화리의 매력이다. 기장에 드나들고부터는 겨울 바다를 모른다고 딱 잡아뗄 수가 없다. 방파제 끝에 초병처럼 서 있는 등대, 외항으로 빠져나가는 통통배들의 모터 소리, 끼룩대는 갈매기의 울음소리, 바위에 붙어 있는 푸른 이끼 등 어느 것 하나 겨울 바다를 멋지게 채색하는 소품이 아닐 수 없다. 나는 뒤늦게 철든 겨울 바다를 좋아하는 문학 노년이다.

서른 즈음에

이 나이에 〈서른 즈음에〉를 듣는다. 음유 몽환의 가수 김광석이 부른 노래다. 어떤 때는 듣다 말고 따라 부르다 내가 깜짝 놀란다. "점점 더 멀어져 간다./ 머물러 있는 청춘인 줄 알았는데/ 비어가는 내 가슴속엔/ 더 아무것도 찾을 수 없네." 노랫말이 나를 향해 "왜, 너 얘기 같니"라며 웃는다. 킥킥! 서른의 두 배를 넘게 살아 온 내가 맛이 갔는지 아니면 이 노래를 부르고 요절한 광석이가 돌았는지 둘 중 하나다.

내가 김광석의 〈서른 즈음에〉를 알게 된 것은 꽤 오래전 일이다. 아내의 투병을 뒷바라지하던 친구가 CD 한 장을 건네주며 "이 노래 한번 들어 봐" 했다. 그 노래는 〈어느 60대 노부부의 이야기〉란 노래였다. 들어 보니 너무 애절했다. 그 CD 안에는 〈서른 즈음에〉란 노래도 있었다. 두 노래는 서른과 예순이란 연륜의 차이는 있어도 인생은 '매일매일 이별하며 살고 있는' 방식이 너무나 닮아 있었다.

김광석은 1964년 1월 22일 대구 방천시장 부근에서 3남2녀 중 막내로 태어났다. 대학 때부터 노래를 시작하여 젊은이들로부터 폭발적인 인기를 얻었으나 96년 1월 6일 서른셋에 자살로 생을 마감했다. 당시 유족으론 아내와 여섯 살 난 서연이란 예쁜 딸이 있었다.

그는 무엇 때문에 서른 즈음이란 젊디젊은 나이에 세상을 등졌을까. 김광석의 니힐리즘은 어디에서 출발하여 어디로 달려갔는가. 그가 부른 노래들을 굳이 색깔로 구분한다면 분명 슬픈 우수로 덧칠되어 있음을 부인할 수 없다. 그러나 음색의 슬픔이 목숨을 끊는 비극으로 이어지리란 생각은 아무도 하지 않았다.

김광석의 동영상을 보면 〈거리에서〉란 노래를 부르기 전 이런 말을 한 적이 있다. "흔히들 가수의 운명은 그가 부른 노래의 가사처럼 된다는 말이 있어요. 나의 생도 그렇게 될까봐 이 노래를 한동안 부르지 않았어요. 오늘 한번 불러 볼게요." "유리에 비친 내 모습은/ 무얼 찾고 있는지/ 옷깃을 세워 걸으며/ 웃음지려 하여도/ 허한 눈길만이 되돌아와요./ 그리운 그대/ 아름다운 모습으로/ 마치 아무 일도 없었던 것처럼/ 내가 알지 못하는/ 머나먼 그곳으로 떠나 버린 후/ 사랑의 슬픈 추억은/ 소리 없이 흩어져/ 이젠 그대 모습도/ 함께 나눈 사랑도/ 더딘 시간 속에 잊혀져 가요."

그는 가요계에 떠도는 '노랫말처럼 되는 인생'이란 징크스를 몹시 싫어했다. 사실 이 말은 헛소문만은 아닌 듯했다. 윤심덕의 〈사의 찬미〉로부터 김정호의 〈이름 모를 소녀〉와 차중락의 〈낙엽따라 가 버린 사랑〉 그리고 "울어 봐도 소용없고 후

198

회해도 소용없는"〈곡예사의 첫사랑〉을 부른 박경애까지 하나같이 가사를 닮은 삶을 살다 운명을 달리 했다.

"7년 뒤 마흔 살이 되면 하고 싶은 게 하나 있어요. 마흔 살이 되면 오토바이 하나 사고 싶어요. 할리 데이비슨, 멋진 걸루, 돈도 모아 놨어요. 그걸 타고 세계 일주하고 싶어요. 괜찮은 유럽 아가씨 뒤에 태우고. 나이 마흔에 그러면 참 재미있을 것 같아요. 그리고 환갑 때 연애하고 싶어요." 김광석이 이런 말을 할 땐 어디에도 죽음의 그림자는 드리워져 있지 않았다.

언젠가 방천시장 둑방 밑에 있는 '김광석의 길'을 걸어보고 싶었다. 그러나 세대 차라는 간극이 차일피일 미루게 하는 게으름을 부추겼다. 그럴 때마다 나도 모르는 새 〈서른 즈음에〉란 노래가 이명(耳鳴)처럼 들려오면 소리통에 CD를 올려놓고 김광석의 목소리를 듣는 일이 잦아졌다.

오늘은 이상하게도 서른 즈음으로 돌아가고 싶었다. 오후 내내 그의 노래를 듣다가 〈일어나〉란 노래가 흘러나오자 도저히 가만히 앉아 있을 수가 없었다. "검은 밤의 가운데 서 있어/ 한치 앞도 보이질 않아/ 어디로 가야 하나 어디에 있을까/ 인생이란 강물 위를 끝없이/ 부초처럼 떠다니다가/ 어느 고요한 호숫가에 닿으면/ 물과 함께 썩어가겠지/ 일어나 일어나/ 다시 한 번 해 보는 거야"

그길로 바로 방천시장으로 달려갔다. 그곳에는 노래하는 광석의 모습이 벽화로 그려져 있었고 공중에 매달린 스피커에선 쉴 새 없이 노래가 흘러나왔다. 그러나 그는 일어나지 않았다.

수성교 입구 대로변 코너에서도 그는 아끼던 기타 '마틴 M36'
을 메고 동상으로 그냥 앉아 있었다.

골목 안 허름한 주점으로 들어가 요절한 영혼의 안식을 위
한 추모의식을 치르기 위해 막걸리와 부추전을 시켰다. 스피
커에서 흘러나오는 〈서른 즈음에〉가 살그머니 기어 들어와 내
옆자리에 앉았다. "나도 좀." "그래 그래."

나무병정 열병식

편백나무 숲 속에서 하룻밤 자고 일어났다. 저녁은 인근 고창 읍내 재래시장에서 사온 조개와 꼬막으로 조개밥을 맛있게 지어 먹었다. 반주로 마신 소주 한잔 탓인가. 저녁 9시 뉴스를 보다 이불은 덮는 둥 마는 둥 하고 그대로 꼬꾸라져 잠이 들었다. 눈을 떠보니 새벽 5시가 채 되지 않았다.

이렇게 깊이 잠이 든 건 좀처럼 없던 일이다. 몇 시에 자든 새벽 2시께엔 반드시 눈이 떨어져 마려운 볼일을 보고 나서야 다시 잠을 자는 것이 오랜 버릇이다. 그런데 웬일인가. 곯아떨어질 정도로 술을 마신 것도 아닌데 무려 6-7시간을 내리 잤으니 이상한 일이다. 곰곰 생각해 보니 편백 숲이 뿜어낸 싸한 향기에 취했음이 분명하다.

이번 여행코스를 축령산 일대로 잡고 인터넷 서핑을 해보니 대충 이런 찬사들로 가득했다. "편백 숲에서 자고 나면 우선 몸이 개운하고, 소변보다는 대변이 훨씬 더 잘 나와요. 아침에 일어나면 젊었을 적 불끈하며 경험했던 혈기도 느껴지고요, 장거리 산행을 해도 별로 피곤하지 않아요." 그래서 축령산 일

201

대를 샅샅이 살펴보고 피톤치드라는 물질이 혈액순환에 얼마만큼 도움을 주는지 그걸 직접 느끼고 싶었다.

여섯 도반들이 아침 7시에 출발하여 이곳 전남 장성군 북일면 문암리 영화마을 민박집으로 달려왔다. 이른 점심시간이어서 가지고 온 찰밥 세 덩어리와 한두 가지 반찬을 챙겨 산책을 겸한 숲길 산행에 나섰다. 산행에 재미를 붙이면 뒤돌아가는 법을 잊는 법이다. 낯선 풍경 속으로 한 걸음씩 나아갈 때마다 눈은 줌렌즈가 되어 새로운 풍경을 잡아당긴다. 재미있는 소설은 좀처럼 손에서 놓아지지 않듯 우리는 캘린더의 사진 같은 숲길로 마냥 걸어 들어갔다.

영화마을에서 임도를 따라 걷다가 '하늘숲길' 입구에서 능선을 타고 올라 섰더니 그곳 또한 별천지였다. 봄 하늘은 맑았고 아직 터트리지 못한 진달래 몽우리는 타는 가슴을 조여 맨 채 숨을 죽이고 있었다. 산 밑에서 산을 올려다보면 능선의 스카이라인밖에 보이지 않지만 산정에서 내려다보는 조감전망은 숲 속의 길과 집들이 낱낱이 훤하게 보인다. 먹이를 찾는 솔개가 하늘 높이 뜨는 이유를 비로소 알 만하다.

능선에서 모암통나무집 삼거리로 내려가는 어귀에 있는 2층으로 된 팔각정에 올라 간단한 점심을 먹었다. 운동이나 노동을 한 후에 먹는 음식은 일종의 쾌락이다. 기나긴 생애 중에 다문다문 유쾌한 안락이 섞여 있으니 그래서 살맛이 나는 거다. 이 세상에 재미와 희망이 없다면 무슨 낙으로 살겠는가. 산행중의 휴식과 식사, 산행을 끝낸 후의 취침은 비단 위에 수를 놓은 꽃처럼 그 자체가 행복이다.

모암통나무집이 있는 계곡은 숲이 울울창창하다. 마치 솜사탕 뭉치같이 뭉글거리며 다가오는 편백의 향기를 추석 보름달을 입으로 베어 먹듯 그대로 한 입 물어 본다. 코가 벌렁거리니 두 눈도 덩달아 시원하다. 고글을 벗은 상태로 눈보라를 맞는 것처럼 신선하고 차갑다.

아하 그렇구나. 이것이 바로 피톤치드의 작용이구나. 침엽수 중에서도 100밀리그램당 함유량이 소나무 1.7밀리리터, 전나무 2.9밀리리터, 삼나무 3.6밀리리터인데 비해 편백나무는 5.0밀리리터에 가깝다. 지난밤 깊은 수면의 원인이 편백 숲의 방향 물질을 홑이불 삼아 덮고 잤기 때문이리라. 그래서 나는 아름다운 밤의 초대받은 손님이 되어 심연 속에서 헤어 나오지 못했나 보네.

잠을 잃어버려 새벽부터 동네 한 바퀴를 돌기로 했다. "이 마을은 99세 이상 흡연지역입니다"라고 적힌 팻말이 서 있었다. 밀알회에서 써 붙인 이 문구는 멋진 유머보다 훨씬 더 재미있는 표현이다. 마을 노인들조차 담배를 꼬나물고 고샅을 배회하진 않는다.

이 마을 산이네 민박집 앞에서 만난 중년의 입을 통해 동네 소식을 귀동냥했다. 암환자 대여섯 명이 월 70만 원선에서 방 하나를 빌려 장기 체류중이며 편백 숲이 좋다는 소문이 번져 평당 50만 원이던 땅값이 70-80만 원으로 올랐지만 팔 물건이 없다는 것. 영화마을은 편백보다는 오히려 물이 좋아 찾아오는 사람들이 많다는 것 등등.

　이튿날 축령산의 대덕, 추암, 모암, 금곡 지구 등 4개 지역을 샅샅이 둘러보았다. 그중에서도 모암지구 통나무집으로 오르는 하늘숲길이 힐링 코스로는 최적이었다. 쭉쭉 뻗은 높이 40미터짜리 편백나무들이 열병식하는 대열처럼 서 있었다. 나무 병정들은 내가 지나갈 때마다 거수경례로 예를 표했다. 나는 "쉬어"라고 부드럽게 말했지만 아무도 차렷 자세를 풀지 않았다.

멍게와 소주의 블루스

어머니는 농담을 진담처럼 잘하셨다. 나른한 봄날이 슬그머니 여름으로 진입하면 입맛이 떨어지는 건 자연적인 이치다. 쌀 낱이 듬성듬성한 꽁보리밥을 먹다 말고 숟가락을 놓을라 치면 "야야, 밥맛이 없으면 입맛으로 먹어야제. 우째 반찬타령만 하노"라고 말씀하셨다. 여름이 절정인 요즘 입맛이 없어 밥을 먹는 둥 마는 둥 할 때마다 어머니의 오래된 농담이 생각나 혼자 키득키득 웃곤 한다.

가난했던 유년의 추억을 되새김질하듯 끄집어내어 잃어버린 입맛을 되돌려 보려 애를 써 보지만 그게 잘되지 않는다. 누적된 세월과 그새 간사스러워진 입맛이 와락와락 먹어치우던 옛 기억을 모두 잊어버린 탓이다.

열무김치 국물에 타래국수를 삶아 먹어볼까, 얼음이 둥둥 떠 있는 물냉면을 사 먹을까, 대파 건더기가 푸짐한 개장국을 사 먹을까, 메밀국수를 겨자간장에 말아 먹으면 입맛이 돌아올까. 온갖 묘안을 다 짜내 본다. 그러나 사지선다형 문제지에 꼭 집어 동그라미를 칠 자신감이 나에겐 없다.

섬광 같은 생각, 나는 곧잘 꽉 막혀 있는 의식에 물꼬가 터질 때는 벼락을 맞는 것 같다. 그래, 바로 이거야. 입맛을 돌리는 데는 멍게만 한 것이 없다는데 왜 나는 하루 종일 끙끙 앓으면서 멍게를 기억해 내지 못했을까. 멍게는 내일 아침 어시장에 나가 사 오기로 하고 점심 요기는 찬물에 식은 밥 한 술을 말아 된장에 박아 둔 마늘종으로 때우기로 하자.

멍게는 바닷속의 꽃이다. 우선 붉은 색깔이 그렇고 바위 벼랑에 무리지어 붙어 있는 멍게 군락의 품새가 장미 화원을 연상시킨다. 갑자기 이백의 「월하독작(月下獨酌)」이란 시 한 구절이 생각난다. "꽃 사이에 술 한 병, 대작할 친구 없이 홀로 따른다. 술잔 들어 달님을 초대하고 달빛 아래 홀로 술을 마시네."

그때 마침 내 생각을 알아채기나 했는지 멍게 한 마리가 날숨을 쉬는 돌기에서 물거품을 푸우하고 내뿜는다. 꽃밭에 홀로 앉아 달과 벗하며 술잔을 기울이는 시성(詩聖)이나 멍게밭을 유영하며 이백을 그리워하는 내 자신이나 맛이 가긴 간 모양이다.

멍게와 해삼 그리고 해파리는 갯것들의 삼총사다. 나는 갯것들 중에서도 멍게를 제일 좋아한다. 그건 특유의 향과 식감 때문이다. 멍게를 칼질할 땐 돌기 부분을 먼저 잘라내야 한다. 끄집어낸 알맹이를 반으로 잘라 입에 넣고 씹지 않은 상태에서 소주 한 잔을 털어 넣으면 소주와 멍게 맛이 서로 부둥켜안고 블루스를 추듯 빙글빙글 도는 바람에 입안은 바로 무도장이 되어 버린다.

해삼, 전복, 소라 등을 물회로 만들 땐 국수 썰듯 잘게 썰어야 하지만 횟감은 뭉텅뭉텅 썰어야 제맛이 난다. 뭉텅 썬 것들을 오른쪽 어금니로 씹으면 금세 왼쪽으로 달아난다. 다시 왼쪽으로 씹어도 그 모양이다. 나는 이것을 '갯것들의 숨바꼭질'이라며 즐기고 있지만 이빨이 튼튼치 못한 이들에겐 권할 것은 못 된다.

멍게를 먹을 때 꼭 지켜야 할 수칙이 한 가지가 있다. 흔히 맨 처음 잘라낸 돌기에 손톱만큼 붙어 있는 살을 발라 먹겠다며 쫄쫄 빨아 먹는 경우가 있다. 그 돌기 속에 기생하고 있는 독충이 깜짝 놀라 물고 늘어지면 입술은 당나발처럼 퉁퉁 붓는다.

멍게로 다양한 요리를 할 수 있지만 그건 요리연구가들의 솜씨 자랑일 뿐 별것 아니다. 내 경험을 털어 놓으면 날것을 크게 썰어 소주 안주로 먹는 것이 장원, 잘게 썰어 온갖 푸성귀와 함께 깨소금과 참기름을 듬뿍 치고 비빈 멍게 비빔밥은 차상, 자연산 멍게를 잘 손질하여 천일염으로 한 며칠 숙성시킨 멍게 젓갈도 차상급에 버금간다. 멍게의 플라스마로겐이란 성분이 치매(Dementia) 예방에 효과가 크다는데 자주 먹으면 날로 심해지는 건망증(Amnesia)에도 도움이 될라나 모르겠다.

몇 년 전인가, 멍게 젓갈을 담겠다고 큼지막한 플라스틱통 한 개씩을 들고 울진의 어느 바닷가에 간 적이 있다. 안내를 맡은 스쿠버 숍 주인이 배 위에서 여러 대원들이 작업한 멍게를 한데 모아 "오늘은 감시가 심해 뭍으로 가지고 나가지 못한다"라며 물속에 던져 버린 적이 있다. 나는 지금도 그때를 생각하면 분하고 안타깝다. 시나 한 편 읽고 분을 삭이자.

"방어진 몽돌밭에 앉아/ 술안주로 멍게를 청했더니/ 파도가 어루만진 몽돌처럼 둥실둥실한 아낙 하나/ 바다를 향해 손나팔을 분다/ 멍기 있나, 멍기-/(중략) 한 잔 술에 미친 척 나도 문득 즉석에서/ 멍기 있나, 멍기-/ 수평선 너머를 향해/ 가슴에 멍이 든 이름 하나 소리쳐 불러보고 싶었다(손택수의 시 「방어진 해녀」 중에서).

사랑은 가고 없네

불고기 점심을 먹는다. 불고기란 한물간 음식이어서 그런지 몰라도 이렇게 만나 뵙기가(?) 실로 오랜만이다. 납작 냄비 속의 소고기와 육수 그리고 당면과 야채들이 옛날에 먹었던 그대로다. 가만히 앉아 물이 끓기를 기다리다 불고기를 의상에 대입해 본다. 얇게 썬 한우 고기가 원단이라면 육수는 봉재 기술, 당면과 기타 등등은 디자인을 비롯한 액세서리로 치면 잘 빠진 명품이라 해도 손색이 없을 것 같다.

내가 살고 있는 대구란 도시에선 불고기 요리만 전문으로 하는 식당은 없다. 어렵게 찾아가 불고기 요리를 시키면 원단, 봉재, 디자인 중에서 무엇 하나가 함량 부족이어서 먹고 나면 찜찜한 게 사실이다. 그건 미국, 호주 등 외국산 소고기와 한우로 둔갑한 육우가 판을 치기 때문이 아닐까. 그래서 진짜 우리 소고기 맛에 길들여진 혀가 낯설고 못 알아보겠다고 도리질하는 까닭이 크게 작용하는 것 같다.

소고기라면 한우밖에 없던 시절에는 손님 접대나 가족 회식 장소는 단연 불고기 식당뿐이었다. 그중에서도 기억에 남는

곳은 '계산 땅집'이다. 작은 종지에 계란 하나를 통째로 까 넣고 왜간장을 부으면 멋진 소스가 되었다. 소고기든 당면이든 이 계란 소스에 찍어 먹으면 그 맛은 환상에 가까웠다.

여름철에는 냉면집에서 석쇠에 구워 주는 불갈비 맛도 내 입맛이 느끼는 추억의 갈피 속에 크게 자리하고 있다. 기자 초년병 시절에 누구와 갔는지는 기억이 희미하지만 어쨌든 냉면집 첫 나들이를 대신동 서문시장 북쪽 골목 안에 있는 사리원 식당으로 갔다. 양념 갈비 두 대를 먹고 나니 큼지막한 스테인리스 대접에 평양식 물냉면이 나왔다. 화끈한 불갈비를 뜯고 난 후에 먹는 얼음이 둥둥 떠 있는 냉면의 궁합은 절묘했다.

언제부턴가 몰라도 이렇게 맛있는 한우 불고기는 무대 뒤로 슬슬 퇴장하고 대신에 한우 소금구이와 양념구이가 전면에 나섰다. 소금구이용 소고기는 한우일 가능성이 높지만 양념구이는 외국산 소고기를 주로 사용한다는 것은 상식에 속한다. 양념구이는 고기 맛보다는 양념 맛이 앞서기 때문에 소고기깨나 먹을 줄 아는 사람은 먹지 않는 것이 불문율이다.

요즘은 산지의 소 값은 떨어져도 유명 한우 구이집의 소고기 값은 내려오는 법이 없다. 1인분 100그램 또는 120그램에 기절초풍할 가격인 3만 원이 넘는 곳도 있다. 저승에 계시는 어른들은 생전에 듣도 보도 못한 소고기 부위별 이름들이 식당의 벽면을 장식하고 있다. 살치살, 안창살, 토시살, 부채살, 채끝등심, 꽃등심, 제비추리 등등 많기도 하다. 그것도 출신 성분을 밝히도록 되어 있지만 외국산이 국산으로 둔갑하는 요

술을 곧잘 부린다.

옛날부터 웃대 어른들이 잡수셨던 불고기는 부위별 이름은 아예 없고 더더구나 국적을 밝히지 않았다. 그냥 '소고기' 한 마디로 족했다. 나는 육식을 별로 좋아하지 않지만 불고기는 앞서 말한 원단, 봉재, 디자인 등을 제대로 갖춰 도수 높은 화 끈한 소주를 곁들인다면 그건 좀 먹어볼 만하겠다.

박근혜 정권 초기에 치러지고 있는 공직자들의 청문회를 보고 있노라면 '불고기 같은 불고기'가 없는 세상이나 '사람 같은 사람' '선비 같은 선비'들이 없는 세상이 비슷하단 생각이 들어 혼자 웃었다. 어느 임금이 공자에게 "어떻게 해야 나라를 제대로 다스릴 수 있느냐"라고 물었다. 공자는 "군군신신 부부자자(君君臣臣父父子子)"라고 짧게 대답했다. 임금은 임금답게, 신하는 신하답게, 모두가 답게, 답게 살면 된다고 했다. 지금은 '답게'라는 낱말이 사라진 탓일까, 제대로 된 불고기조차 없어진 세상에 우리가 살고 있다.

일전에 대경언론클럽 회원들과 봄나들이로 경북도청 신청사 건립 현장을 다녀왔다. 점심 예약 장소는 하회마을 입구의 '한우와 된장'(054-842-2255)이란 식당이었다. 짝퉁 한우에 속아 온 지가 하도 오래여서 별 감흥이 없었다. 그런데 웬걸, 식탁에 나오는 소고기는 색깔부터 달랐다. 맑게 붉은 색깔에서 옛날 맛이 느껴지는 것 같았다.

"와인은 입으로 오고, 사랑은 눈으로 오나니(Wine comes in at the mouth And love comes in at the eyes)"란 W. B. 예이츠의

시 「음주 찬가(A Drinking Song)」의 한 구절이 생각난다. 시인은 왜 술과 사랑을 얘기하면서 안주인 소고기는 빠뜨리고 시를 지었을까.

오랜만에 제대로 된 불고기를 먹으면서 나도 시인의 흉내를 내 보았다. "소주는 입으로 오고, 불고기 역시 입으로 오건만 사랑은 가고 없네, 사랑은 가고 없네."

아랫도리 명약, 함초

요즘 잡초로 효소 담그기가 유행이다. 텔레비전의 건강 프로그램마다 산과 들에 흩어져 멋대로 자라고 있는 풀들을 채취하여 효소를 담근다. 방법도 그리 어려워 보이지 않는다. 깨끗이 씻어내고 물기를 없앤 다음 꿀이나 설탕에 재워 두었다가 몇 달 간 숙성을 시키면 효소가 된다. 이렇게 하여 잡초가 명약으로 둔갑한 것이 한두 가지가 아니다.

텔레비전 프로를 보면서 느낀 점은 '이 세상에 필요 없는 물건은 하나도 없다'는 생각이다. '충영'이라 부르는 개다래는 통풍을 치료하는 명약이다. 개다래 열매를 벌레가 먹어 울퉁불퉁해진 것을 목천료(木天蓼)라 부른다. 그걸로 술을 담가 장복하면 15년 된 통풍도 완치했다는 기록을 본 적이 있다. 통풍뿐 아니라 관절염, 중풍, 안면신경마비, 요통에까지 효과가 있다니 '벌레 먹은 장미'는 별 쓸모가 없어도 개다래는 반드시 '벌레 먹은 것'을 써야 한다니 세상 이치는 참으로 묘하다.

인진쑥은 간의 피로를 풀어 주는 효과가 탁월하다. 예부터 인진쑥을 장복한 간암 환자가 완치됐다는 얘기는 전설이 된

지 오래다. 요즘은 개똥쑥이 뜨고 있다. 아르테미신이란 성분이 항암효과가 있어 성분 분석을 해 보니 기존 항암제보다 월등한 효과가 있어 '개똥' 집안이 양반 반열로 올라설 참이다. 개똥쑥은 항암에 덧붙여 말라리아, 면역력 강화, 피로회복, 해열작용까지 있다니 개똥쑥이란 이름만 보고 얕잡아 봤다간 큰코 다친다.

돼지감자는 못 먹는 감자였다. 돼지는 먹었는지 그건 눈여겨보지 않았다. 그 돼지감자의 이눌린 성분이 인슐린을 정상치로 유지하는 효과가 있어 당뇨 환자들이 혹하고 있다. 칼로리가 적고 아무리 먹어도 혈당이 오르지 않아 돼지감자 차까지 인기를 끌고 있다.

예부터 접두어에 '개'자가 달린 것과 '돼지'자가 붙은 것들은 아주 쓸모없는 것들의 표본이었다. 그런데 요즘은 세상이 바뀌었는지 개(犬) 씨와 돼지(豚) 씨를 두루 합쳐 '견돈' 씨 가문이 암과 성인병을 치료하는 명의 반열에 올라섰으니 『동의보감』의 허준 선생도 '허허' 하고 웃을 일이다. 그러니 돈 없고 힘없다고 깔볼 일이 아니다.

사람들이 효소를 그렇게 선호하는 것은 잡초의 질긴 생명력을 얻기 위함이다. 그 질긴 접착력을 자신의 목숨에 이어 붙이면 하루라도 더 살 수 있을 것이란 눈물겨운 투쟁이라고 봐야 한다. 그래서 가장 질긴 것을 찾다가 보니까 소금밭에서 염분을 먹고 자라는 함초에까지 눈독을 들이게 된 것이다.

함초는 우리나라 서해와 남해에서 자라는 염생식물이다. 갯

벌과 염전 주변에서 자라는 함초는 봄부터 여름까지 연녹색을 유지하다가 8~9월에 흰꽃을 피운 후 붉은색으로 변한다. 염전의 염부들이 염증을 내는 풀이었으며 소도 먹지 않는 짠 풀이었으나 요즘은 염전을 갈아엎어 씨를 뿌려 함초밭을 만들고 있으니 '함초만사 새옹지마'가 된 지 오래다.

함초에는 일일이 나열할 수 없는 인체에 좋은 성분이 들어있다. 이미 일본은 천연기념물로 지정했고, 중국에선 신초 또는 복초로 부른다. 북유럽 와덴 해와 프랑스에선 고급 음식 재료로 부자들만 먹는 값비싼 요리다. 함초는 많이 먹어도 부작용이 없고 다른 음식과 융합력이 좋은 매력 있는 식재료다.

게다가 장 청소부란 별명을 얻을 만치 변비 해소와 숙변 제거에는 따라올 약이 없을 정도다. 사람들의 뱃속에는 적게는 4킬로그램, 많게는 10킬로그램 정도의 숙변이 아랫배에 꽉 차있다. 그걸 쉽게 제거해 주는 것이 바로 함초다. 몇 년 전까지만 해도 서해의 신안군 일대 즉 증도, 지도, 안좌도, 송도, 도리포, 임자도 쪽을 다녀 보면 갯벌에 함초가 널려 있었다.

그러나 요즘은 낫을 들고 갯벌 주변에 어슬렁거리기만 해도 주인의 고함소리를 들어야 한다. 함초 소금이 출시되드니 함초 된장, 함초 차 등 온갖 상품이 개발되어 인터넷 매장이 들썩거리고 있다. 함초는 미네랄이 김의 40배, 시금치의 200배이며 칼슘은 우유의 5배, 철은 해조류의 2~5배, 칼륨은 감자의 3배나 들어 있다. 5억 년 전에 지구에 출현한 화석 같은 천덕꾸러기가 푸대접 끝에 늦게서야 빛을 보게 됐다.

함초는 약방의 감초 이상이다. 식품이자 약이며 조미료다. 여린 순은 나물로 비벼 먹고, 삼겹살을 구워 얹어 먹고, 김밥에 넣어도 좋고, 밀가루에 함초 가루를 섞어 국수나 수제비를 끓여 먹어도 맛이 그만이다. 건강의 비결이 '잘 먹고 잘 싸면 된다'는데 함초는 잘 싸는 아랫도리 담당관으론 가히 최고다.

사랑은 아프다

"열 번 찍어 안 넘어 가는 나무 없다(十伐之木)"란 말이 세태가 바뀌면서 세 번으로 격하되고 있다. 최근 법원은 '구애의 행동이나 말은 세 번 이상 넘어가면 경범죄 처벌 대상'이란 판결을 내린 바 있다. 구애의 방식과 회수도 법이 정한 대로 따라야 하니 사랑도 나라에서 다스리나 보다.

우스갯소리 한 자락이 얼핏 떠오른다. 간통죄로 법정에 선 유부녀에게 판사가 '너 죄를 네가 알겠지' 하는 투의 말을 하면서 엄한 벌을 내렸다. 그 아낙이 하는 말이 가관이다. "판사님, 제 몸에 붙어 있는 것은 제가 맘대로 해도 되는 줄 알았는데 그것도 정부에서 관리합니까"라고 항변했다고 한다. 김태희나 이효리에게 무지렁이 남정네가 열 번 찍을 도끼를 들고 쫓아다니면 그것도 문제일 것 같고 곧 성사될 사랑이 삼세판 커트라인에 걸려 좌절된다면 그것 또한 억울한 일이다.

나무도 나무 나름이지만 도끼도 도끼 나름이다. 도끼는 자르는 도끼(ax)와 패는 도끼(splitter)로 구분된다. 자르는 도끼로 패려고 달려들면 안 되듯 자신의 인품과 수준에 맞게 나무를

217

정해야 한다. 그러나 "포기할 수 있다면 그건 사랑이 아니다"란 말이 있듯이 '사랑은 쟁취하는 자의 몫'이니까 불도저 같은 용기도 때론 필요할 것 같다.

10여 년 만에 전라도 고창에 왔다. 읍내 인근에 펜션을 정하고 저녁 준비를 위해 재래시장에 들렀다. 장날이 아니어서 그런지 어물전 생선들은 모두가 우중충해 보인다. 피꼬막과 피조개를 각 만원어치씩 사고 물오징어 한 마리를 3천 원에 샀다. 쫑쫑 썰어 조개밥을 지을 참이다. 조개밥은 양념간장만 있으면 다른 반찬이 필요 없는 여행 도반들의 전투식량이다.

옛 어른들도 장에 가면 간 갈치만 사는 게 아니라 사람을 만나는 장구경이 주목적일 때가 더 많다. 그래야 사돈도 만나고 친구도 만나 막걸리 사발을 기울일 테니까. 장보기를 끝내고 고창 읍성을 한 바퀴 돌았다. 돌담 위에 올라서서 아래를 내려다보니 초가지붕을 덮고 있는 소담한 동리(桐里) 신재효의 소리청이 보인다. 문득 이백여 년 전 그 소리청 안에 있었던 애절한 두 남녀의 사랑이야기가 떠오른다.

동리는 1812년 고창에서 관약방을 하던 중인의 아들로 태어났다. 재산을 모은 아버지 신광흡은 자식만은 중인을 벗어나 양반의 신분으로 바꿔 주고 싶었다. 뒷돈을 주고 아들을 호남 최고 서당인 필암서원에 학동으로 밀어 넣었다. 그러나 신분 조작 사실이 탄로 나자 신재효는 몰매를 맞고 쫓겨나고 만다.

동리는 벼슬하기에 평생을 거느니 남들이 거들떠보지 않는 소리에 생애를 바칠 각오를 하고 뛰어든다. 그는 전라도 일대를 돌아다니며 소리꾼들을 만나 우리 가락을 귀로 듣고 온몸으로 느낀 후 집으로 돌아온다. 38세 되던 해 그는 선친의 약방터에 소리청을 열고 전국에서 모여든 50여 명의 문하생을 기숙시키며 소리를 가르치기 시작했다.

이때 진채선이란 낭자가 소리청에 들어오게 된다. 채선은 아비가 또랑광대였고 어미는 무당이어서 어릴 적부터 소리를 듣고 자랐다. 귀동냥으로 듣던 소리를 스승의 가르침 속에 익히자 얼마 가지 않아 최고 명창 대열에 오르게 된다. 부인과 사별한 동리는 57세까지 독신으로 지냈으나 채선의 소리와 몸이 한층 야물게 익어 가자 둘은 연인 사이로 발전한다.

고종 4년 경복궁 낙성식이 열리게 되자 조정에선 전국의 명창과 재인들을 불러들여 조선조 최고의 열린음악회를 열었다. 동리는 채선을 소리청 대표로 한양으로 보내면서 여색질의 명수인 대원군의 음흉한 심보를 염려하여 남장 차림새로 보냈다. 채선은 이날 공연에서 청조가와 방아타령을 열창하자 대원군은 첫눈에 빠져들었다. 대원군은 갸름한 얼굴에 나긋나긋한 몸매 그리고 천부적인 목소리를 지닌 어린 낭자를 그냥 놓아 줄 리가 없었다.

채선은 이날부터 최고권력자인 대원군의 애첩이 되어 운현궁에서 한 발짝도 밖으로 나오지 못하는 신세가 되고 만다. 연인을 잃은 동리는 사랑을 속삭이던 방을 검정색으로 도배하고 칠흑 같은 고독의 심연 속에서 채선을 그리워하다 생을 마쳤다고 한다. 스승이 살아 있을 적에 채선은 몽매에도 잊지 못하

219

던 연인인 동리를 찾아온 적이 있다. 그러나 차마 대문을 밀치고 들어가지 못하고 담벽을 쓸어안고 울다 돌아섰다고 한다. 그래, 사랑은 아픈 것이다.

편백 숲 새소리

편백나무 숲 속에는 새소리가 들리지 않는다. 숲이 갖춰야 할 3대 덕목은 바람소리, 물소리, 새소리다. 이 세 가지 중에 백미 격인 새소리가 없다니 이건 보통 큰일이 아니다. 편백 숲은 향이 너무 강하여 벌레들이 범접하지 못한다. 벌레는 새들의 양식이다. 거대한 숲 속에 먹고 살 식량이 없으니 새들이 발을 붙이지 못하는 것이다.

편백 숲에서는 비가 오지 않거나 심한 안개가 끼지 않는 날은 천막 없이도 캠핑이 가능하다. 모기와 파리가 없기 때문에 간단한 돗자리 하나만 있어도 숲 속에 누워 별들의 잔치에 초대받은 귀빈이 될 수 있다. 새소리만 들리지 않을 뿐 바람소리와 물소리는 공짜로 즐길 수 있다.

먼 옛날부터 삼나무를 많이 심어 온 일본에서는 나무가 뿜어내는 피톤치드란 방향물질이 인체에는 좋은 영향을 끼치지만 그것이 새소리를 몰아낸다는 사실은 까맣게 모르고 있었다. 숲 속의 방향물질이 벌레를 살지 못하게 하여 그들을 잡아먹고 사는 새들의 서식을 막고 있다는 상관관계를 눈치챈 것은 그리 오래지 않다.

그래서 요즘은 측백나무과 수종을 집중적으로 심지 않고 사이사이에 새들이 깃들어 둥지를 틀 수 있는 나무를 심어야 한다는 견해를 내놓고 있다. 소나무 숲에 떡갈나무가 공생하는 이른바 혼유림으로 숲을 조성하듯 편백 숲에도 타 수종을 들여오는 것이 이상적이란 설명이다.

편백 숲에 발을 들여 놓기만 하면 상쾌한 기운이 전신으로 퍼져 나간다. 요즘은 그렇게 즐겨 다니던 바닷가 유람을 한켠으로 밀쳐두고 편백 숲 투어에 푹 빠져 버리고 말았다. 이번 코스는 전남 장흥의 편백 숲 우드랜드로 정하고 그 일대 아직 가보지 못한 노력항과 무산김 생산 현장을 둘러보기로 했다.

장흥군에서 운영하는 우드랜드는 갑자기 밀어닥친 편백 숲 힐링 열풍을 타고 얼마나 인기가 좋은지 숲 속 방을 구하기가 하늘에 별따기였다. 나의 도반들은 예정된 스케줄에 크게 구애를 받지 않는 대자유인들이다. 이번 우드랜드행도 예약을 하지 않고 '되면 좋고 안 되면 그만'이란 배짱으로 들이밀고 들어갔다. 우린 운 좋게도 가장 아름답고 아늑한 20평형짜리 '며느리 바위집'(1박 12만 원)을 쉽게 구할 수 있었다. 윗대 조상 3대의 공덕을 쌓아야 겨우 이뤄질 수 있는 일을 당대에 해낸 것이다.

창문을 활짝 열고 내장재가 온통 편백 판자로 되어 있는 거실에 앉아 있으니 싸아한 숲 향기가 방안 가득 밀고 들어왔다. 점심은 갖고 온 김밥과 장흥시장에서 사온 두릅을 삶아 초고

추장에 찍어 먹었더니 그게 바로 진수성찬이었다. 편백 숲 향에 봄 향기가 범벅이 되어 우린 신선이 다 되어 가고 있었다.

어정거리지 않고 바로 산행에 나서기로 했다. 억불산 정상까지는 3.7킬로미터로 계단 없는 산책로가 높이 518미터의 산꼭대기로 연결되어 있다. 휠체어를 탄 장애우들도 마음만 먹으면 얼마든지 오를 수 있는 멋진 데크 로드이다. 이 지역 사람들은 이 길을 '말레길'이라 부른다. 말레는 '대청'을 의미한다.

산행길 주변에는 때마침 분홍색 철쭉들이 흐드러지게 피어 있어 두 시간 반이나 걸리는 산행 시간이 전혀 지루하지 않았다. 산정에 올라서니 20만 평의 편백 숲 너머로 천관산, 광춘산, 부용산, 오봉산, 화방산, 수인산이 병풍처럼 둘러쳐져 있었다.

하산길에 '알몸으로 바람의 허리나 한번 툭하고 쳐 볼까' 하고 '비비에코토피아'란 풍욕장을 찾아갔으나 아무 설명도 없이 문은 닫혀 있었다. 다시 '수랏간'이란 식당으로 내려와 1만 원짜리 꿀밤묵을 시켜 동동주 한 잔으로 갈증을 씻어냈더니 '산은 산으로, 물은 물로' 보였다.

장흥에 오면 반드시 들러야 할 곳이 토요시장이다. 이곳에서 한우, 키조개, 표고버섯 등 이른바 장흥 삼합을 먹어 봐야 비로소 장흥에 들렀다고 말할 수 있다. 그러나 도반들은 돈 주고 사먹는 음식에 질린 지가 한참 된 터여서 아무도 삼합을 탐내는 사람이 없었다.

우리는 먹다 남은 두릅순에 시장에서 사온 키조개 2만 원어치와 코펠 밥 삼합으로 저녁을 때웠다. 이날 따라 술이 뒤로 밀리면서 편백 숲 향과 마주 앉아 오랜만에 살아온 삶을 뒤돌아 볼 수 있었다. '내게도 편백 향 같은 그런 냄새가 났으면. 친구들이 나를 만날 때마다 상쾌한 기운이 전신으로 퍼져 나갔으면 좋으련만.'

편백나무 숲 향기

우리나라의 명의는 서울에 모여 있다. 서울대, 연세대, 삼성, 아산병원 등에 주로 포진하고 있다. 그래도 명의가 못 고치는 병이 있다. 서울에서 못 고치는 병은 남쪽에 진을 치고 있는 명의들이 고친다. 물론 다 고치는 건 아니다. 그렇지만 상당수의 환자들이 서울 명의들이 깜짝 놀랄 기적을 이뤄 내고 있다.

남쪽의 명의들은 의사가 아니다. 숲이다. 숲 속의 맑은 공기와 물이다. 거기에 하나 더 보태면 방하착(放下着)이다. 방하착은 불가 용어다. '내려놓아라. 집착하지 마라. 마음을 편하게 가져라'는 뜻이다. 좀더 쉽게 말하면 '스트레스를 받지 말라'는 것이다. 사람들은 마음이 머리에 붙어 있는지, 아니면 가슴속에 있는지도 모르면서 마음이 아프고 속이 상한다.

방하착을 몰라서 그렇다. 옛날 중국의 엄양존자란 스님과 조주 스님이 나눈 선문답을 들어보자. "모든 것을 버리고 한 물건도 가져오지 않을 때는 어찌해야 합니까." "내려놓아라(放下着)." "한 물건도 가지고 오지 않았는데 무엇을 내려놓으라는 말입니까" "그렇다면 짊어지고 가거라." 엄양존자는 이

225

말씀 한 마디에 크게 깨달았다. 원래 방하착이란 말은 흑씨범지(黑氏范志)란 사람이 오동꽃을 받들어 세존께 공양하자 부처님께서는 '꽃을 공양했다는 집착된 마음마저 내려놓으라'는 뜻으로 "방하착하라"라고 말씀하셨다.

남쪽 명의 중에서도 대표주자는 단연 편백나무 숲이다. 편백 숲에서는 사람에게 이로운 피톤치드란 물질이 가장 많이 나온다. 피톤치드는 1943년 러시아 태생의 미국 세균학자 왁스먼이 처음으로 발견했다. 삼림욕을 하면 식물에서 나오는 각종 항균성 물질인 피톤치드가 호흡을 통해 몸속으로 들어가 나쁜 병원균을 없애는 구실을 하는 것으로 알려져 있다.

편백나무는 따뜻한 기후를 좋아하여 남방한계선이 전라남도와 경상남도 쪽으로 그어져 있어 서울, 경기, 강원 등 북쪽 지방에선 생육되지 못한다. 서울 명의를 찾아간 환자들이 "이제 집으로 가셔서 가까운 의원에서 이 처방대로 약을 지어 잡수세요"라는 마지막 선고를 듣고 나서 해야 할 일은 남쪽 명의인 편백 숲에 기대는 수밖에 없다. 요즘 남도의 지자체들은 편백나무 숲을 육림하여 힐링 센터를 만들어 많은 사람들을 불러들이고 있다.

대표적인 곳이 전남 장성의 축령산 편백나무 숲과 전남 장흥의 억불산에 조성되어 있는 우드랜드를 꼽을 수 있다. 특히 축령산 숲은 해발 640미터, 260헥타르에 조림된 대규모 편백나무 숲으로 279만 그루의 편백이 큰 키를 자랑하며 하늘을 찌를 듯이 서 있다. 이곳은 서해에서 불어오는 찬 기류가 높은 축령산에 걸리기 때문에 여름엔 많은 비가 내리고 겨울엔 폭설이 내려 다른 곳보다 편백의 향이 강하고 재질도 단단하다.

억불산 숲도 100헥타르에 우드랜드가 조성되어 암, 결핵, 아토피, 피부질환 환자들을 치유하고 있다. 두 곳 모두 편백과 황토와 돌로 지은 펜션 또는 황토집과 톱밥 찜질방 등을 갖추고 있어 환자뿐 아니라 심신의 휴식이 필요한 이들에게 아늑한 공간을 제공하고 있다.

지난 주말 외나로도 편백나무 숲을 다녀왔다. 이번 여행의 목표는 편백 숲이 아니라 겨울의 끝자락에 서서 뒤뚱거리며 걸어오는 남도의 봄 걸음마를 보는 것이었다. 그런데 뜻하지 않게 길가의 '봉래산 편백 숲 입구'란 팻말을 보고 옷 입은 채 강물에 뛰어들듯 준비 없는 산행을 시작하고 말았다. 얕잡아 본 산행코스는 세 시간 넘게 걸렸다. 봉래산 정상과 봉화대 등 네 개의 봉우리를 지나 시름제에서 편백나무 숲으로 내려섰다. 코끝을 스치는 편백 숲 향기는 싸 하면서도 날선 칼을 양 미간 사이에 겨눌 때 느껴지는 날카로움이랄까, 섬뜩함이 느껴졌다. 바로 이것이 남도 명의가 환자를 치료하는 손길이구나 싶었다.

편백나무 숲에 들어서면 상큼하면서도 코끝을 시리게 하는 방향(芳香)이 바로 피톤치드의 작용이다. 빛 밝은 대낮에 숲길을 걸어가면 나무와 나무 사이로 뚫고 들어온 햇살이 축복의 소나기처럼 내리 퍼붓는다. 이때가 피톤치드가 가장 많이 발산되는 시간이기도 하거니와 그 광경이 너무 장엄해 하늘을 향한 감사의 기도가 저절로 터져 나온다. 주변에 투병하고 있는 친구들을 불러와 단 며칠이라도 힐링 캠프를 열고 맛있는 생선요리를 내 손으로 만들어 먹이고 싶다. 편백 숲 사이를 휘감아 돌아오는 이 냄새, 이 향기. 오! 하나님.

비진도에서

지난 주말 비진도에 다녀왔다. 비진도는 다녀온 섬 중에서 '그 섬에 다시 가고 싶다'고 감히 말할 수 있는 그런 섬이다. 그 섬은 아름답다. 하나님이 이두박근 강화를 위한 운동을 하시다 떨어뜨린 아령 한 개가 미처 바닷속에 빠지지 못하고 떠 있는 그런 형상의 섬이다. 가히 보배에 비겨도 손색이 없을 만큼 아름다워 이름 또한 비진도(比珍島)다.

아령의 손잡이가 대양에 접하고 있는 동쪽은 뭉근 돌들이 밀려와 몽돌밭을 이루고 있다. 반대편인 육지를 향하고 있는 서쪽은 흙 기운 하나 없는 하얀 모래가 약 1킬로미터의 사장을 이뤄 여름에는 비치발리볼 경기가 열리기도 한다. 요즘 같은 겨울철에는 겨울 바다를 좋아하는 연인들이 찾아와 추억을 만들거나 미래를 설계하는 장소로 이용되고 있다.

비진도는 여름 한철 찾아오는 피서객들이 넘쳐나 주민들은 방을 죄다 비워 주고 정작 자신들은 멍석에서 잠을 자야 한다. 그러나 겨울철로 접어들면 동면하듯 섬 전체가 고요 속에 참선하는 마을로 변한다. 요즘 비진도는 제주의 올레길과 지리산의 둘레길 영향 탓인지 산속에 산호길이 조성되어 주말이면 트레킹 팀들이 정기여객선이 비좁도록 몰려든다.

나는 오래전 어느 여름, 이곳 비진도에 온 적이 있다. 우리 집 아이들이 초등학생이었을 때 고교 동창 세 가족과 함께 캠핑 장비를 가득 넣은 륙색을 짊어지고 그렇게 온 것이다. 우린 그때 막영지를 구하지 못해 화장실 앞 비탈진 구릉에 천막을 치고 어렵사리 하룻밤을 보냈다. 추억은 이렇게 질기고 모진 것이다. 마음속에서 섬이란 카드를 끄집어내기라도 하면 갬블러들의 비장의 카드인 에이스처럼 비진도가 손끝에 만져지는 것이다.

트레킹 전문단체가 주관하는 비진도 프로그램에 가까스로 두 자리를 얻어 아내와 함께 오전 11시 통영에서 출발하는 정기여객선 엔젤 3호를 타고 외항마을에 내렸다. 옛날에 우리 팀이 하룻밤을 묵었던 캠프 사이트가 어디쯤인지 눈으로 짚어봐도 너무 많이 바뀌어 좀체 가늠할 수가 없었다. 그새 내항마을은 '바다이야기 펜션'과 '씨 펜션' 등이 위용을 자랑하고 있고 그 주변에는 '해 보는 섬 집' 등 이름조차 예쁜 식당들이 늘어서 있다.

옆에 서 있는 아내를 힐끗 보니 내 눈길보다 먼저 내항마을로 달려가 이제 어른이 되어 버린 아이들을 의식 속에서 다시 꼬맹이로 만들어 얼르고 달래다 꾸지람을 하는 눈치였다. "당신 옛날 생각하고 있지요" "그래요, 저기 보이는 빨간 지붕 화장실 뒤편이 그때 우리가 텐트를 쳤던 자린 것 같아요." 추억을 되짚거나 뒤돌아본다는 것은 한편으론 재미도 있지만 야속한 세월이 원망스러워 쓸쓸한 마음을 금할 길이 없다.

신발 끈을 조여 매는 등 산행 준비가 끝나자 출발 신호가 울린다. 우린 외항마을의 선유봉(해발 313m)에 올랐다가 산포길 3구간의 오른쪽 능선을 한 바퀴 돌아 내려와야 한다. 그런 다음 두 섬을 연결하는 사주(砂洲)길을 넘어 오 리쯤 떨어진 내항으로 넘어가 통영으로 가는 여객선을 타야 한다.

산행을 해 보면 높은 산은 높은 만큼 힘들고 낮은 산은 낮은 대로 고되다. 특히 섬 산은 표고가 불과 이삼백 미터일지라도 경사가 가파르거나 삼림이 우거져 있으면 오르기가 그리 쉽지 않다. 이곳 선유봉도 첫 오름이 경사가 센 할딱고개여서 한 줄금 땀을 흘려야 한다. 이 산은 오르면 오른 만큼 보상을 받는 경관이 뛰어난 곳이다.

제1전망대와 흔들바위를 지나 제2전망대에 이르면 비진도가 자랑하는 옥색 바다와 다도해 특유의 감칠맛 나는 풍경이 눈길의 깜빡임과 머뭇거림조차 용납하지 않는다. 산행 시작 후 마늘밭과 시금치밭을 지나면 바로 울창한 삼림 속으로 접어든다. 동백나무, 후박나무, 생달나무, 당단풍, 굴피나무 등이 어우러진 숲이 해풍이 불어오면 향기를 뿜어낸다.

숲이 뿜어내는 묘한 냄새를 나는 그냥 '숲의 향기'라고 부른다. 그런데 러시아 태생인 미국의 세균학자 왁스먼은 1943년 식물(phyton)과 죽이다(cide)란 단어를 합성하여 이 냄새를 피톤치드라 불렀다. 이 물질은 인체 속의 나쁜 박테리아는 죽이고 좋은 박테리아에겐 영양을 공급하는 것으로 '힐링 스멜(healing smell)'이라고 하면 딱 알맞은 말이다.

우리는 내리막길로 접어들어 이른 동백꽃이 피어 있는 설풍치(雪風峙), 슬픈치와 비진암을 거쳐 출발했던 곳으로 내려왔다. 비진도 피톤치드 욕장에서 몸을 깨끗이 빨아 헹궈 널었다가 걷었더니 '이 섬에 눌러 살고 싶다'고 앙탈을 부리는 마음에서도 서답 냄새가 났다. 마음은 맑은 섬에 살도록 그냥 두고 몸만 빠져나와 희뿌연 회색도시로 돌아왔다.

게국지 사랑

경상도 사람들은 게장 맛을 잘 모른다. 게장뿐 아니라 민어, 서대, 낙지, 병어, 갑오징어도 잘 모른다. 어릴 적부터 만난 적이 없기 때문에 먹어보질 못한 것이다. 동해를 끼고 있는 경상도 사람들은 서해 바다에 별로 가본 적이 없다. 그곳에서 나는 생선들을 구경한 적도 없다. 기껏 안다는 게 왕소금에 깐깐하게 절인 간갈치와 간고등어 그리고 제상에 올리는 조기와 말린 가자미 정도와 안면을 트고 있을 뿐이다.

동해와 서해는 너무 멀다. 영호남을 연결하는 88고속도로와 남해고속도로가 뚫린 지가 한참 되었지만 경상도 사람들이 호남 지역에 가보지 못한 이들은 아직도 많다. 그러니 동해와 서해의 입맛이 다를 수밖에 없다. 입맛 하나만이라도 서로가 서로를 이해하고 관용해 줄 수 있다면 영호남 화합도 그리 어려운 문제는 아닐 것 같다.

나는 경상도 내륙에서 태어났다. 외할머니의 고향이 동해 어느 포구여서 어릴 적부터 바닷가 이야기를 듣고 자랐다. "날씨가 흐린 날은 바닷가 게들이 집안으로 기어 들어와 우리

233

새끼 고추를 꽁 하고 깨물지" 하시면서 나의 고추를 꼬집기도
하셨다. 할머니의 이야기 속의 그 바다가 동경의 대상이었지
만 돌아가실 때까지 바다에 가본 적은 없었다.

　호남과 충청도 사람들이 그렇게들 좋아하는 게장을 군에
서 제대한 후 서울에서 처음 먹어 봤다. 같은 부대에 근무했
던 ROTC 동기생을 만나 명동의 진고개식당이란 곳으로 갔다.
그는 호기롭게 게장 정식 2인분을 시켰다. 난생처음 고추장 양
념이 범벅인 게장 정식을 먹어보니 별미 중의 별미였다. 메뉴
판을 힐금 쳐다보니 가격도 만만치 않았다. 취직시험을 보러
잠시 서울에 와 있단 나의 근황을 듣고 합격하면 연락하란 인
사치레의 말을 끝으로 우린 헤어졌다. 나는 연락하지 않았다.
합격하지 못했기 때문이다.

　서울 체류 3개월 만에 낮술에 대취해 대성통곡을 한 후 낙
향했다. 완행열차를 타고 내려오면서 실력을 원망했고 공부를
열심히 하지 않은 나의 게으름을 한탄했다. 그럴 적마다 진고
개식당의 게장 정식이 눈에 어른거렸다. 시험에 합격하여 서
울의 언론계에서 직장생활을 시작했더라면 '더러 게장 정식을
먹으러 갔을 텐데'라는 생각이 좀처럼 지워지지 않았다. 그날
부터 게장은 꿈의 음식이 되고 말았다.

　그 후 대구에서 사회에 첫발을 디딘 후 바쁘게 뛰어다녔다.
그동안 여러 회식 자리에서 온갖 요리를 먹어봤지만 생각의
망막 속에 남아 있는 진고개 게장 맛은 어디에도 없었다. 대구
사람들은 서해에서 나는 알이 꽉 찬 싱싱한 꽃게를 구할 수가

없었고 설령 구한다 해도 담그는 비법을 전수받지 못해 짝퉁 계장일 수밖에 없었다. 그날 먹었던 그 계장 맛은 잃어버린 사랑처럼 짠한 그리움으로 남아 있을 뿐이었다.

역마살을 타고 났는지 어릴 적부터 나돌아 다니는 걸 좋아했다. 대학에 들어가선 산악부에 들어가 공부보다 산에를 더 열심히 다녔다. 시간이 있고 호주머니에 돈이 좀 있으면 배낭 하나 둘러메고 무작정 떠나기를 좋아했다. 은퇴를 한 후엔 문화관광부가 주관하는 문화유산답사 전문강사 양성 코스에 들어가 우리나라 전역의 문화유산들을 찾아다녔다.

요즘도 맘에 맞는 친구와 합의만 되면 다음날 새벽에 떠나는 걸 원칙으로 하고 있다. 그동안 동해, 서해, 남해의 이름난 섬과 바닷가를 얼추 돌아다녔지만 아직 안 가본 곳이 더 많고 못 먹어본 음식들도 숱하다, 그림자 밟고 다닐 힘만 남아 있으면 열심히 떠날 작정이다. 떠돌다가 떠돌다가 떠돌이 인생에 힘이 부치면 그때 손도 놓고 발도 거두리라.

저 지난핸가 서해의 당진, 서산, 태안 쪽을 돌아다니다가 이름도 기억나지 않는 바닷가 선술집에 들린 적이 있다. 그날따라 영혼이 컬컬하여 "술 한잔 주슈" 했더니 주모가 플라스틱 막걸리병에 들어 있는 것을 찌그러진 주전자에 철철 넘치도록 담아 주었다. 그러면서 술국도 아니고 찌개도 아닌 '계국지'란 걸 한 사발 퍼다 주었다. "이거 잡숴 봐, 능쟁이 계장에 묵은 지를 넣고 끓인 거야."

계국지는 짭짤하면서도 감칠맛이 도는 게 맛이 희한했다.

계장 정식이 음식의 첫사랑이라면 게국지는 첫 여인을 떠나보낸 후에 만난 두 번째 사랑 같았다. 첫사랑의 여인 미스 게장도 만나고 싶고, 두 번째인 미세스 게국지도 다시 한 번 만나고 싶다.

주름치마 속 물 웅덩이

주상절리(柱狀節理)가 바닷가에 부채꼴로 누워 있는 현장을
다녀왔다. 감포에서 울산 쪽으로 달리다 경주시 양남면 읍천
리 읍천항 주차장에서 그리 멀지 않은 곳이다. 일반적인 주상
절리는 기립 자세로 꼿꼿하게 서 있는 것이 보통이다. 그러나
이곳 절리 군(群)은 백선(白扇) 두 개를 합쳐 활짝 편 모양새로
서로 팔베개하며 바닷속에 비스듬히 누워 있다.

허기야 시루 안에 누워 크는 콩나물도 간혹 있지만 바닷가
에 누워 있는 와상(臥狀) 주상절리는 흔하지 않아 신기하기만
하다. 현장으로 다가가 육각 또는 오각 상태로 굳어져 있는 주
상절리를 보는 순간 이 돌덩이들은 '몹시 게으르구나' 하는 생
각이 먼저 들었다. 왜냐면 마지막에 한쪽 다리에 힘을 주고
'어라 차차'하며 일어섰으면 됐을 텐데 그대로 주저앉았으니
말이다.

부채꼴 주상절리가 다소 피곤한 모습으로 누워 있는 읍천
앞바다는 다른 바다에선 좀처럼 볼 수 없는 특이한 지형으로
보면 볼수록 매력이 넘치는 곳이다. 우선 바닷속에 널려 있는

검은 암초덩이들은 파도가 밀려올 때마다 물보라를 하늘로 밀어 올린다. 장관이다. 이런 풍경은 여느 바다에도 없는 독특한 것으로 사나운 야성미를 여지없이 드러내고 있다. 거친 바다의 이미지는 근육질 사나이와 사뭇 닮아 있다. 녹초가 되도록 끊임없이 밀어붙이는 파도의 힘은 뾰족돌을 몽돌로 만들지만 지치지 않는 사내의 힘은 이 세상을 자손들로 번성케 한다.

주상절리가 발밑으로 내려다보이는 전망대에 올라서면 후레아 스커트를 뒤집어쓴 듯한 부채꼴 한복판의 물웅덩이를 향해 거센 파도가 마치 겁탈이라도 하려는 듯 달려들고 있는 모습을 똑똑히 볼 수 있다. 풍랑의 구애작전이 때론 행투로 바뀔 때도 있지만 주름치마를 덮어쓴 '절리 아가씨'는 가야금의 명주실 한 파람을 튕겨 물안개 속에서 '쏴아' 하는 소리 한 가락을 얻어 낼 뿐 절대로 마음을 주는 법이 없다.

이곳 부채꼴 앞바다는 오랜 세월 동안 출입통제 지역으로 묶여 있었다. 군인들이 초소를 짓고 철조망에 빈 깡통을 매달아 행여 간첩들이 기어들어 올까봐 칠흑 밤을 하얗게 밝힌 곳이다. 이제 국회 안에까지 종북 세력들이 진을 치고 간첩들이 비행기를 타고 들어오는 판국이니 바닷가 철조망은 의미가 없어진 지 오래다.

연전에 군인 초소와 철조망이 철거되면서 경주시는 이곳 읍천항에서 하서항까지 1.7킬로미터를 파도소리길이란 명품 트레킹 코스로 만들었다. 요즘은 주말과 공휴일엔 좁은 송림 사이의 통로를 줄을 서서 내왕해야 할 형편이며 파도소리길 구간을 왕복하는 사람들로 바닷가까지 북적이고 있다.

또 읍천항 주변의 빈 벽들은 온갖 바다 풍경이 벽화로 그려져 있고 어시장과 횟집 그리고 가게와 식당들도 만선이 들어온 듯 관광객들로 붐비고 있다. 부채꼴 주상절리 하나가 통제지역에서 풀리면서 읍천항 전체가 활기를 얻었으니 한발 더나아가 스토리텔링이란 멋진 옷 한 벌을 입힌다면 그야말로달리는 말에 채찍이 될 것 같다.

엄청난 관광객을 끌어들이고 있는 세계적인 명소인 독일 라인 강변의 '로렐라이 언덕'이나 덴마크 코펜하겐 항구에 있는'인어공주 동상'도 따지고 보면 별것 아니다. 읍천 앞바다에누워 있는 부채꼴 주상절리에 비하면 게임이 되지 않는다. 로렐라이는 "옛날부터 전해 오는 쓸쓸한 이 말이/ 가슴속에 그립게도 끝없이 떠오른다"라는 노래 한 마디로, 인어공주 동상은 안데르센의 동화 속의 인어 이야기를 그럴싸하게 치장한것이 관광 수입을 끌어들이는 도깨비 방망이로 둔갑한 것이다.

읍천항 주상절리는 지금부터가 시작이다. 부채꼴 절리에 멋진 스토리텔링이란 이야기 옷을 입혀 주파수 낮은 방송으로입에서 입으로 입소문을 내는 것이다. 가령 "신부가 후레아스커트를 입고 이곳에서 해돋이를 보면 떡두꺼비 같은 아기를낳는다"라든가 "주름치마를 입고 온 미혼여성이 연인과 함께자물쇠를 채우는 사랑의 맹세를 하면 결혼으로 골인하게 된다"라든가 솔깃한 이야기를 지어내 퍼트린다면 얼마든지 가능

239

한 일이다.

대구 팔공산의 갓바위 부처에게 빌면 '한 가지 소원은 이뤄 준다'는 것이나 영천의 돌할매에게 소원을 빌 때 '돌이 무거워 지면 반드시 이뤄진다'는 것도 모두 입소문 덕분이다.

나는 참 싱거운 사람이다. 남의 동네에 가서 괜히 돈벌이 방 안을 골몰하다 자칫 점심을 굶을 뻔했다. 읍천항 주차장 옆 칼 국수집에 들러 요기를 하고 돌아서니 황혼녘의 해가 서쪽 하 늘을 붉게 물들이고 있었다.

뜰채 숭어잡이

숭어를 좋아하지 않는다. 회도 그렇고 찌개도 덤덤하다. 음식을 싫어하고 좋아하는 것은 머릿속에 입력된 기억 때문이다. 그래서 "음식 맛의 절반은 추억이다"란 말이 생겨났는지도 모른다. 음식은 먹을 때의 상황과 환경에 따라 맛의 유무가 결정된다.

일 년 중에 숭어의 눈에 백태가 끼어 흐릿해지는 시기가 있다. 그때 숭어는 앞이 잘 보이지 않아 바닷가 방파제 주변에 떠다닌다. 운만 좋으면 손으로 건질 수도 있고 족대 하나만 있어도 몇 마리는 쉽게 낚아챌 수가 있다. 동해 어느 포구에서 눈먼 숭어를 잡아 즉석에서 회를 쳤는데 선입견 때문인지 맛이 신통치 않았다. 숭어를 멀리하게 된 동기가 이렇게 단순하다.

요즘 포항, 통영, 여수, 묵호 심지어 주문진 어시장에 가도 자연산 생선은 귀하신 몸이 된 지 오래고 양식 생선들이 판을 치고 있다. 숭어는 더러 양식이 있긴 하나 그래도 자연산이 많은 편이어서 뒤늦게 빛을 보고 있다.

게다가 여러 방송매체들이 '육소장망어법'으로 숭어를 잡는 가덕도 대항마을의 풍경을 HD 화면으로 보여 주는 바람에 하급 어종인 숭어가 갑자기 스타가 된 듯 우쭐대고 있다. 우리의 재래 방식으로 숭어를 잡는 현장에는 주말마다 관광객들이 넘쳐난다니 그것 또한 듣기 좋은 소리 중의 하나다.

대구에서 비교적 가까운 동해의 월포리 앞바다에서도 옛날부터 정치망에 걸리던 고기를 건져 올리는 방식은 숭어잡이와 비슷했다. 동력선 한 척에 서너 척의 무동력선이 달라붙어 방어, 쥐치 등 계절을 바꿔가며 몰려드는 고기를 무더기로 잡아냈다. 젊은 시절, 이른 아침에 '물 보러'(고기를 건지러)가는 어장 배에 동승하여 뱃전에서 싱싱한 고등어회를 포식한 적도 있다.

어쩌다 텔레비전에서 장망어법으로 숭어를 잡는 광경을 보고 있으면 좀이 쑤셔 가만히 앉아 있지 못하고 설레발을 친다. 또 얼마 전에는 한술 더 떠 진도대교 밑 울돌목에서 대형 뜰채로 숭어를 낚아채는 광경을 보고 있자니 '내가 저 짓을 하고 있어야 될 텐데' 하는 마음이 느닷없이 솟구쳐 그야말로 환장할 지경이 다 된 적도 있었다.

이날은 '울돌목 숭어대첩'이란 기치를 내걸고 진도 달인 김상근 씨와 해남 달인 허성원 씨가 '삼세판' 방식으로 경기를 치루고 있었다. 결과는 해남 달인의 승리로 끝이 났지만 화면이 다른 프로그램으로 바뀌어도 펄펄 뛰는 숭어란 놈들이 망막에서 사라지지 않아 잠이 제대로 오지 않았다.

울돌목 갯가에 숭어 떼가 몰려오는 시기는 4월부터 7월 중순까지다. 바로 이때가 뻐꾸기 울고 보리가 익어 가는 무렵이어서 흔히 보리 숭어라 부른다. 남해에서 겨울을 난 숭어들이 난류를 따라 서해 쪽으로 이동할 때 이곳 울돌목 해협을 지나게 된다.

울돌목은 조류가 워낙 거세 해협 복판으론 고기들조차 거슬러 오를 수가 없는 곳이다. 임진왜란 당시 이순신 장군은 울돌목 해협에 굵은 철사 밧줄을 물속에 가라앉혀 양안에 묶어 두었다. 농촌 아이들이 길섶의 긴 풀을 묶어 행인들의 발을 거두는 놀이를 원용한 것이다.

조선의 유인 배가 도망치듯 해협 복판으로 달아나면 왜적 선단은 그걸 잡으려고 밀고 들어오게 된다. 이때 둑에서 기다리던 군사들이 밧줄을 팽팽하게 잡아당기면 물살의 미는 힘과 밧줄의 멈추는 힘이 맞부딪혀 배는 물속으로 곤두박질치게 된다. 명량해전이 대첩으로 끝난 것도 장군의 지략이 출중했기 때문이다.

숭어 떼도 마찬가지다. 물살 센 복판으로 진군하지 못하고 가장자리로 몰리다 보니 이번에는 뜰채와 한판 승부를 벌이지 않으면 안 된다. 다행히 살아남으면 무리와 함께 젖과 꿀이 흐르는 가나안의 바다 서해로 돌아갈 수 있지만 붙들리면 몸은 산산이 부서진 누드가 되어 접시 위에 누워야 한다.

뜰채 숭어잡이는 이 고장에 살면서 나처럼 천렵을 좋아하는 사람들이 놀이 삼아 삼십여 년 전부터 즐겨 왔다. 요즘은 울돌목을 사랑하는 사람들이 울사모(회장 김재철)란 모임을 만들어 십여 명의 회원들이 번갈아 가며 숭어를 뜰채로 잡아 올린다.

하루 평균 이백 마리는 거뜬하게 잡는다니 수입 또한 짭짤한 편이다. 이렇게 잡은 숭어는 진도대교 주변의 숭어 횟집에서 한 접시에 2만 원에 팔리고 있다. 양도 푸짐해서 네 사람이 실컷 먹을 정도다. 울사모에서 자원봉사자를 뽑는다면 '저요, 저요' 하고 금방이라도 달려가고 싶다.

나는 왕이다

"풍광 좋은 데 다니며 맛있는 것 먹고 다닌다며, 넌 좋겠다." 내 글을 읽은 친구들이 하는 말이다. "그래, 잘 다니고 있어"라고 대답한다. 그들의 "너는 좋겠다"라는 말 속에는 약간의 부러움과 시샘이 섞여 있음을 직감적으로 느낀다.

그런 말을 하는 친구들은 맘만 먹으면 이삼 일 내지 삼사 일 정도의 여행은 수시로 떠날 수 있는 그런 처지의 사람들이다. 다만 함께 떠날 팀을 구성하기가 쉽지 않고 여행에 대한 기술과 내공이 허약하기 때문에 주저하다가 기회를 잡지 못하는 것이다. 그래서 "너는 좋겠다"라는 자조 섞인 투정으로 스스로 위안을 받는 것 같다.

『중용』 4장에 이런 구절이 있다. "사람들은 음식을 먹으면서 그 음식 맛을 제대로 알지 못한다(人莫不飮食也 鮮能知味也)." 이것을 '지미(知味)의 철학'이라 일컫는다. 음식 맛도 제대로 모르는 사람들이 인생의 맛은 제대로 알까. 이 책은 그 해답으로 "똑똑하고 잘난 자들은 늘 넘치고, 어리석고 못난 자들은 늘 뒤처지기 때문이다(知者過之愚者及賢者過之不肖者不及)"

라고 풀이하고 있다.

　유능하고 학식 있는 사람들은 명예와 돈을 위해 뛰다 보니 인생의 맛을 제대로 알지 못하는 가운데 나이를 먹어 간다. 그러다가 정년을 맞아 인생의 황혼기에 들어서면 '아차!' 하고 문득 자신의 인생이 그리 맛있는 것이 아니었다는 걸 깨닫게 된다. 게으르고 무능한 사람들 역시 인생의 참맛을 모르고 어영부영 살다 일생을 마치기 일쑤다.

　인생의 맛을 알고 음식의 참맛을 아는 '지미의 인생'은 우리 곁에서 멀리 떨어져 있거나 이뤄 내기가 그리 힘들지 않다. 그것은 결코 돈으로 해결될 문제도 아니며 권력으로 이룰 수 있는 일은 더더욱 아니다. 송나라 때 소강절(邵節康)이란 이는 어느 날 늦은 밤하늘의 달을 보면서 느낀 산들바람 기운을 인생의 가장 맛있는 순간이라 읊은 적이 있다. 그 맛은 누구에게도 설명할 수도, 함께 느낄 수도 없는 오묘한 맛으로 특별하거나 기이한 것이 아니라고 했다. 평범한 일상에서 마음으로 느끼는 맛이 지고지미(至高之味)가 아니겠는가.

　그동안 여러 곳을 돌아다니면서 친구들의 말대로 남들이 맛있다는 음식을 먹어보고 그 맛의 느낌을 글로 써 왔다. 최근 중용을 들쳐보다가 앞서 말한 "사람들은 음식 맛을 제대로 알지 못한다"라는 대목을 읽다가 느낀 바가 적지 않았다. '내가 먹고 다니는 음식 맛을 나는 제대로 아는 걸까'라는 질문에 답을 할 수가 없었다. 내 스스로가 '지미의 철학'을 포기한 것이나 다름없었다.

살다 보면 하나의 낱말이나 문장 하나가 전기의 스파크 현상처럼 엄청난 파장으로 깨우침과 각성을 불러올 때가 있다. 안거에 들어가 화두 하나를 붙잡고 용맹 정진하는 스님들이 무릎 밑으로 기어 들어오는 개미 한 마리를 보고 크게 깨치는 경우와 같다. 중용의 "음식 맛도 모른다"라는 한 구절이 내게 있어 선방의 개미와 같은 구실을 하는 것 같았다.

최근 이른 봄맞이 남도 여행을 떠나면서 종전까지 해오던 해산물 구매 방식을 확 바꿔 버렸다. 설익은 고급 취향을 버리고 옛날 방식을 되찾기로 마음먹었다. 단골인 전라도 녹동 어시장 현성수산(정순자·010-5139-4710)에 전화를 걸었다. "갯것들 좀 준비해 주세요. 다리가 떨어진 낙지도 괜찮아요." 갯것이란 횟감용 활어를 제외한 바지락, 굴, 소라, 키조개, 피꼬막, 주꾸미를 비롯하여 톳, 매생이, 파래까지 갯가에서 나오는 모든 기타 등등을 말한다. 갯가 사람들은 이런 것들을 파는 난전을 갯것전이라 부른다.

기타 등등이란 표현을 쓰고 보니 뮤지컬 영화 〈왕과 나〉의 주인공으로 나오는 율 브리너가 말끝마다 엑스트라(Extra)를 연발하던 장면이 떠오른다. 이날 어시장에 도착하여 주꾸미를 비롯하여 어판 위에 널려 있는 온갖 것들을 쓸어 담으며 갯것 왕국의 왕이나 된 것처럼 엑스트라를 속으로 중얼거렸다. 마음씨 좋은 주인은 장애 낙지는 물론 해삼, 멍게, 간재미 등 기타 등등을 덤으로 듬뿍 얹어 주었다.

도반들과 함께 나로도 바닷가에 있는 '하얀노을'이란 멋진 펜션에 도착했다. 여러 가지 갯것들을 총총 썰어 밥솥에 넣고 밥을 지었다. 갯것 왕국의 저녁 만찬은 '지미의 철학'을 실천하는 갯것 비빔밥 단 한 가지뿐이었다. 엑스트라, 엑스트라! 나는 갯것 왕국의 왕이다.

나로도 해돋이

새해 아침 해돋이를 보겠다며 서둘러 문밖을 나서 본 적이 없다. 송년 해넘이나 추석 보름달 구경도 마찬가지다. 우연한 기회에 해가 뜨면 그냥 볼 뿐 안달하며 찾아 나서지 않는다. 한가위 보름달이 구름에 가려도 그만, 날씨가 흐려 달이 보이지 않아도 안타깝지 않다. 해와 달은 눈에 보이지 않아도 고무신 거꾸로 신고 멀리 도망칠 물건이 아니기 때문이다.

해변과 산정에 모인 해돋이 인파들은 기복신앙의 열렬한 신도이거나 때로는 '빛'이란 새해 첫 작품의 참배객으로 동원된 엑스트라처럼 보일 때도 있다. 첫날 떠오르는 태양을 향해 무슨 말을 전하고 싶어 그렇게 바삐 서둘러 이곳을 왔는지 모르겠다.

해돋이와 달맞이를 무슨 종교의식 치르듯 하는 친구가 있었다. 동행을 권유하는 전화를 받고도 몇 번 퇴짜를 놓았지만 때가 되면 반드시 기별이 온다. "해돋이 광경이 근사한 캘린더를 미리 구해 놨어"라며 '누워서 아침 해를 맞겠다'는 와배(臥拜) 의사를 밝히면 "넌 게을러서 탈이야"란 즉답이 돌아온다.

맞다. 나는 게으름뱅이다. 혼곤한 늦잠의 유혹은 아주 멋스런 여인의 윙크보다 훨씬 더 강렬하다.

독실한 크리스천인 어머니는 아들을 목사로 만드는 게 꿈이었다. 하나님은 어머니의 기도를 들어줄 생각이 조금은 있었는지 어쨌는지 몰라도 당사자인 나는 일찍부터 "헛수고 그만 하시지요" 하고 뒷전으로 물러나 있었다. 그건 어머니의 기도 약발이 약해서가 아니라 늦잠 매력을 새벽기도와 맞바꿀 수가 없었기 때문이다.

나는 해와 달을 좋아한다. 선 앤 문(Sun and Moon) 또는 일월(日月). 이 얼마나 아름다운 이름인가. 해와 달은 하나님과 어머니처럼 세상에 하나뿐인 귀한 존재다. 하나뿐인 것은 모두 위대하다. 만일 남녀 하나님이 동시에 존재한다면 'GOD'에 대한 존경지수는 많이 떨어졌을 것이다. 모르긴 해도 '남자 하나님'과 '여자 하나님'을 추종하는 세력들끼리 편이 갈라져 예수와 석가 그리고 마호메트는 명함조차 내밀지 못할 정도로 종교의 양상은 많이 달라지지 않았을까.

해와 달은 암컷과 수컷이 없고 온리 선(Only Sun), 온리 문(Only Moon)으로 수절해 왔기 때문에 지금껏 존경의 가치가 하락되지 않고 있다. 계수나무 아래서 토끼가 방아 찧던 달은 미국의 우주인 닐 암스트롱에 의해 순결이 약간 짓밟히긴 했지만 여전히 경의와 우러름을 받는 것도 모두 이 때문이다.

나는 3대가 공덕을 쌓아야 겨우 볼 수 있다는 지리산 천왕봉의 해돋이를 두 눈으로 똑똑히 보았다. 또 추석 보름달보다

열 배쯤 아름답고 솥뚜껑보다 더 큰 달을 지리산 종주중 벽소령 산장에서 만난 적이 있다. 그날이 마침 「적벽부」를 읊은 소동파가 친구 둘을 초청하여 적벽강에서 뱃놀이를 하던 칠월 보름인 백중(伯仲)날이었다. 새벽 세 시쯤 오줌이 마려워 산장 밖으로 나왔더니 내 머리 위에 엄청나게 큰 보름달이 떠 있었다. 그날 이후 어떤 다른 보름달도 보지 않겠다는 맹세는 지금도 유효하다.

그동안 해돋이와 해넘이는 물론 보름달 구경조차 잊고 살아왔다. 충남 서천의 마량포구를 비롯하여 서해의 여러 곳이 일출과 일몰을 하루 만에 볼 수 있는 곳이다, 당진의 왜목마을에선 일출, 일몰, 월출까지 삼본(三本) 동시상연으로 즐길 수 있지만 해 뜨고 달 뜨는 광경을 보기 위해 머물거나 기다리진 않는다. 천왕봉과 벽소령에서의 감동이 줄어들까를 저어하기 때문이다.

최근 남도여행을 떠나 나로도 하얀노을 펜션(유경순·061-833-8311)에서 머문 적이 있다. 나로도 제2대교 입구에 위치하고 있는 이곳은 우선 공기가 맑고 주변 경치가 아름다운데다 바다가 정원 안으로 밀고 들어와 있는 형상이어서 풍수적으로도 아주 멋진 곳이다.

나의 도반들은 인근 어시장에서 참돔, 우럭, 낙지 등 횟거리 생선을 푸짐하게 사와 근사한 저녁 식탁을 마련했다. 그런데 자고 일어나니 이곳 펜션은 비경 하나를 감춰 두고 있었다. 101호 방 안에서 동쪽 창문으로 내다보면 해돋이 광경을 쉽게 볼 수 있다. 이틀 동안 구름 한 점 보이지 않는 온전한 해돋이 광경을 한 발짝도 걷지 않고 본 것은 조상 6대의 공덕이 작용한 탓일까.

계산할 때 혹시 해돋이 값을 물릴까봐 시치미를 뚝 떼고 있었다. "해돋이 안 봤어요. 안 봤다니깐요."

동백꽃 안 핀 선운사

배고픈 사람은 설익은 밥도 먹는다. 봄이 고픈 사람은 덜 익은 봄날에 꽃구경 간다. 일찍이 미당 서정주가 그랬고 오늘은 나도 그랬다. 간혹 기대하지 않고 걸음했다가 기대치가 충족되면 그건 대박이나 다름없는 횡재, 잔뜩 기대하고 갔다가 '꽝'이면 그건 낭패다. 이른 봄 동백에 관한 한 선운사는 '꽝의 가람'이다.

"선운사 골째기로/ 선운사 동백꽃을 보러 갔더니/ 동백꽃은 아직 일러/ 피지 않았고/ 막걸릿집 여자의/ 육자배기 가락에/ 작년 것만 상기도 남았읍다./ 그것도 목이 쉬어 남았읍다(미당의 시 「선운사 동구」)."

이 세상의 모든 사물과 현상에는 시가 있고 때가 있다. '시도 때도 없이'란 말이 이를 설명하고도 남는다. 나와 나의 도반들은 꽃구경은 애초부터 기대하지 않고 다만 꽃 몽우리 몇 개만 봐도 대성공이라며 허적허적 선운사 동백 숲을 향해 걸어 올라갔다. 미당이 그랬던 것처럼 꽃은 아직 일러 피지 않았다.

막걸리 사발에 육자배기 가락을 국수처럼 말아 먹었던 미당을 생각하니 술 생각이 간절하다. 이곳 선운사 입구의 주막거리는 복분자 술과 풍천장어로 이름난 곳이다. 숯불 석쇠 위에서 익고 있는 장어에 맛있는 양념을 덧칠해 가며 색깔조차 아름다운 복분자 술을 한잔했으면 원이 없겠다. 다행스럽게도 넓은 엉덩이 실룩거리며 육자배기 대신에 '고장 난 벽시계'라도 흥얼거리는 주모가 있으면 그야말로 금상첨화, 미당이 부러울 일은 하나도 없겠다.

주차장 입구부터 시작되는 평지 도량은 참배객이 많지 않아 더 넓어 보였다. 경내의 나무들은 어릴 적 가난한 집 아이들처럼 하나같이 헐벗은 맨몸이다. 어느 것 하나 푸른 기운은 돌지 않았다. 북풍한설을 몰고 왔던 겨울 기운은 수은주의 마지노선인 영하와 영상 사이에서 그네를 타고 있었다.

선운사를 두고 '꽝의 가람'이라고 한 말은 잘못된 말이다. 동백이 피기 전에 찾아 온 관광객들이 동백을 나무라는 것은 도리가 아니다. 그래서 '선운사 동구'란 시를 읽을 때마다 동백 탓은 하지 않고 막걸리 집 여자의 육자배기 가락으로 은근슬쩍 넘어가는 미당이란 시성(詩聖)의 능청스러움에 감탄할 뿐이다.

선운사는 동백꽃 좋고, 도량 넓고, 등산로가 일품인 아름다운 절집이다. 거기에다 도솔암이란 암자와 절 입구의 부도밭이 소설 같은 이야기 한 자락씩 품고 있어 재미에 재미를 더해 준다. 선운사는 승주의 선암사와 더불어 바쁜 일상 때문에 한두 해 찾아가지 않으면 문득문득 생각나는 여인처럼 보고 싶고 그리운 그런 절집이다.

도솔암 마애불의 가슴속에는 세상을 바꿀 비결이 들어 있다는 전설이 내려오고 있다. 그러나 그 비결에는 벼락살이 함께 들어 있어 아무도 꺼낼 용기가 없었다. 간 큰 전라감사 이서구가 벼락 맞을 각오를 하고 17미터 높이의 복장감실로 기어올라가 비결을 꺼내 첫 장을 들쳐봤다. "이서구가 열어 본다(李書九開坼)"라고 적혀 있었다. 그 순간 벼락이 쳐 다음 장은 펴 보지도 못하고 비결을 감실 안에 던져 버렸다.

나중 그 비결은 동학도인 손화중의 접에서 '다시 꺼내 보자'는 의견이 제기되었다. 벼락살을 걱정했지만 전라감사에 의해 한 번 저질러졌으니 일사부재리의 원칙이 적용될 것이란 오하영이란 도인의 훈수를 믿고 동학도들이 그 비결을 꺼내 갔다. 동학군에 의해 세상이 바뀌지는 않았지만 마애불의 행투는 만만치 않았다. 수백 명이 무장현감에게 잡혀가 주모자 3명이 사형을 당하고 나머지는 흠씬 두들겨 맞고 풀려났다. 이건 지어낸 이야기가 아닌 사실이다.

선운사로 올라가는 길 오른쪽 부도밭에는 백파선사의 부도비와 추사가 지은 비문을 빗돌에 새긴 것이 서 있다. 선문(禪門)의 중흥주라 불리는 백파선사와 선비인 추사 김정희 간에 선교(禪敎) 논쟁이 치열하여 한때는 말싸움에 가까운 왕복 서면 논쟁을 벌이기도 했다.

그렇지만 유불(儒佛)의 선두주자들 논쟁도 백파선사의 입적으로 끝이 나고 말았다. 이에 추사는 자신의 아픈 심사를 글로 지어 빗돌에 새기게 하여 그동안의 왈가왈부는 '도(道)의 나눔'이었다고 결론을 냈다. 자칫 큰 싸움으로 번질 뻔한 사건이 우의로 끝을 맺었으니 후세에 귀감이 될 만하다.

장날마다 물고 뜯고 싸우며 '나라를 해롭게(國害)' 하는 의원들이 하루 정도 짬을 내 이곳 선운사 부도밭에서 백파와 추사의 아름다운 화해방식을 배워 갔으면 좋으련만. 사찰 경내에 골프장이 있으면 혹시 올까 몰라도, 아무도 안 올 거야.

돌김과 돌미역

나는 김과 미역을 좋아한다. 별다른 반찬이 없을 땐 김 몇 장과 조선간장만 있으면 밥 한 그릇은 뚝딱이다. 김 중에서도 맨김을 좋아할 뿐 조미한 것은 싫어한다. 김에 밥을 싸 먹어야 하는데 손바닥에 기름이 묻는 게 싫고 먹고 나서 입안에 기름기운이 도는 것도 반갑지 않다. 김을 구워 먹는 것도 좋아하지 않는다. 생김에서 풍겨 오는 비릿한 바다 내음을 함께 먹어야 멋도 있고 맛도 있다.

옛 어른들도 구워 먹는 것을 그리 탐탁하게 생각하지 않은 듯하다. 며느리가 새로 들어오면 김 굽는 법을 가르친다. "아가야, 김은 먼 불에서 구워야 한단다"라며 시범까지 보인다. 그런데 어느 날 저녁 먼 산에서 불이 났다. 며느리는 얼른 김을 꺼내 와 불난 방향으로 김을 쳐들고 굽기 시작했다. 마침 시어머니가 방문을 열고 나오자 "어머님 이렇게 구우면 되지예" 하고 '먼 불에 김 굽기 시범'을 보이면서 의기양양해했다.

김 맛은 지역에 따라 다르다. 바닷물의 온도와 물살 그리고 청정도에 따라 맛이 달라진다. 바다의 깊이가 얕은 서해와 남해는 양식업이 발달하여 일찍부터 김, 파래, 다시마, 매생이 등의 양식업이 성행했다. 그러나 동해는 바다가 깊어 어류와 해조류의 양식 산업은 활발하지 못했다. 어촌 마을의 아녀자들이 채취한 돌김과 돌미역은 양은 적지만 값은 만만찮아 가계에 상당한 보탬이 되고 있다.

울릉도의 돌김은 정말 맛있다. 몇십 년 전만 해도 도동과 저동의 길거리 가게에서도 진짜 돌김을 살 수 있었다. 보통 김보다 세로로 사이즈가 긴 자연산 돌김은 얼금얼금하게 건조되어 예술가들이 작품으로 직조한 천 같았다. 그런데 그걸 손으로 찢어서 참기름 간장에 찍어 먹든지 밥을 싸 먹으면 그 맛은 어디다 비할 수 없는 환상적인 맛이다. 그런 돌김 한 번 맛보고 나면 다른 김은 먹기도 싫고, 보기도 싫고, 만지기도 싫을 정도다.

나는 울릉도 돌김을 딱 한 번 한 속을 먹어본 적이 있다. 세월이 좀 지난 어쩌면 옛날 옛적 이야기다. 풍랑이 치고 폭설이 내린다는 예보를 듣고도 겨울 독도에 관한 취재를 한답시고 혼자 울릉도로 향한 적이 있었다. 태풍주의보는 당시 청룡호가 출발한 후에 발효되었고 거센 물이랑을 뚫고 아홉 시간 만에 도동항에 도착했다. 그로부터 만 열하루 동안 섬에 갇히는 신세가 되고 말았다.

날씨가 풀리면 어떻게 해서라도 독도를 다녀올 심산이었는데 섬에서 바다 쪽으로 발을 내딛는 배는 한 척도 없었다. 그 와중에 울릉도는 폭설이 내려 기존 도로 위로 새로운 눈길을 만들고 나서야 통행이 가능한 진풍경도 목격할 수 있었다. 태풍이 멎고 들어갔던 배가 다시 나올 때 울릉군에서 '눈에 갇혀 고생이 많았다'며 돌김 한 속을 선물로 주었다. 눈 속에 갇힌 울릉도는 다시 떠올리기가 싫지만 혀끝에서 감칠맛이 나는 돌김 맛은 충분한 보상이 될 것 같았다. 다시 앙코르 공연을 하라면 돌김 맛 때문에라도 서슴없이 '폭설 속 열흘 빠삐용'의 주인공으로 나설 참이다.

울릉도 돌미역도 돌김만치나 명품이다. 망망대해에 떠 있는 울릉도는 바람도 세고 물살도 세다. 그런 조류 속 바위에 붙어 목숨을 이어가는 바다풀인 미역은 그 생명력이 질길 수밖에 없다. 미역이 질기다는 건 끓는 물속에 들어가도 양식 미역처럼 풀어지지 않고 마치 바닷속에서 너울너울 춤을 추듯 펄펄 살아 움직인다. 그런 미역들이 대각이란 이름으로 시장에 나왔다가 아이를 낳은 산모의 배 속으로 들어가면 질긴 에너지가 그대로 전달되는 것이다.

바닷가를 여행하면서 '××산 돌미역'이란 거창한 이름으로 포장되어 있는 미역을 숱하게 샀지만 단 한 번도 성공하진 못했다. 로또 복권에 숫자를 적는 사람들처럼 언젠가는 당첨되겠거니 하고 갈 적마다 한 파람씩 사들고 오지만 그날이 언제일지는 기약하기가 어렵다.

최근 독도에 연고가 있는 지인이 "이거 독도에서 보내 온 진짜 자연산인데 미역국 한 그릇 끓여 잡숴 보세요" 하고 몇 가닥을 보내왔다. 괜찮은 미역국 먹어본 지가 하도 오래된 터수

259

여서 그날 저녁에 일을 벌였다. 소고기 양지머리를 반 근쯤 넣고 정신 들여 끓였더니 미역 줄기들은 태어난 동해 바다가 그리운지 솥 안에서 너풀너풀 춤을 추고 있었다.

이런 맛의 미역국을 다문다문 먹을 수만 있다면 내가 직접 아이를 낳고 싶다.

장흥 무산 김

편백 숲 속에서 맞는 아침은 경이롭다. 나뭇잎 사이를 뚫고 쏟아지는 아침 햇살은 '하늘의 축복'을 '빛'이란 언어로 표현한 것 같다. 다른 각도에서 보면 무대를 향해 쏘아대는 조명발처럼 밝고 찬란하다. 코끝을 스치는 바람도 햇살에 밀릴까봐 라벤다 향처럼 달콤하면서도 싱그럽다. 바람과 햇볕은 동화 속 '행인의 코트 벗기기 경쟁' 때부터 앙숙지간이더니 아직도 그 때의 기 싸움이 계속되고 있나 보다. 이런 아침을 매일 맞을 수만 있다면 굳이 천당에 가기 위해 종교를 믿을 필요가 없겠다. 여기가 곧 천당이다.

오늘 일정은 염산을 뿌리지 않고 무산(無酸) 김을 생산하는 바닷가 현장을 찾아가는 것이다. 갑자기 정한 프로그램이어서 막막했지만 무작정 바닷가로 쪽으로 달려가면 해답이 나오리라는 똥배짱을 앞세워 길을 나섰다.

그때 마침 숲 속 외통수 도로에 발통이 빠진 차 때문에 길이 막혀 있었다. 우리 측 운전 전문가가 핸들 조작을 코치하고 나머지 도반들이 차 뒤에 달라붙어 밀었더니 비교적 쉽게 빠져 나올 수 있었다. 서로 인사를 나눈 끝에 무산 김 채취 현장을 가려면 어디로 가야 하느냐고 물었더니 "우리 동네가 바로 그 동네라"라고 대답했다. 세상에 이럴 수가 있나. 인연이란 게 참으로 묘하다는 생각이 들었다.

그들이 알려준 대로 우리는 장흥군 회진면 진목리 안삭금 마을 237-1번지 정병조씨 댁(061-867-5402)을 입력하고 달리기 시작했다. 장흥 억불산 편백 숲 우드랜드에서 30분이면 충분하다는 길이 사오십 분은 족히 걸려 지루하다는 느낌이 들 무렵 마을에 도착했다. 시골길을 걷다가 동네 사람을 만나 길을 물으면 "반 마장만 가면 금방 나와요"라는 미워할 수 없는 거짓말이 이 고장에서도 여전히 통용되고 있다니 그저 고마울 따름이다.

달리는 차창에 파노라마로 지나가는 어촌 풍경은 쉴 새 없이 바뀌고 있었다. 그러나 내 머릿속에는 '인연이란 무엇인가'란 궁금증이 선방에서 안거에 든 스님이 쥐고 있는 화두처럼 지워지지 않고 내 의식을 붙잡고 늘어지고 있었다. 정말 인연이란 무엇인가.

인연(因緣·fate)은 운명과 숙명으로도 통한다. 그러니까 운명이 피할 수 없는 것이라면 인연 또한 이미 오래전부터 '그렇게 되도록' 계획되어 언젠가는 실행되도록 되어 있다는 그 말인가. '운명아 비켜라, 내가 간다' 하고 폼 잡으며 지껄이는 말은 결국 듣기 좋으라고 지어 낸 헛말에 불과한 셈인가.

인연의 인(因)은 결과를 낳기 위한 내적인 직접원인이며 연

(緣)은 이를 돕는 외적인 간접원인을 의미한다. 예를 들면 씨 앗은 나무의 직접원인인 인이며 햇빛, 물, 공기는 싹트게 하고 성장시키는 간접원인이 되는 연에 해당한다. 그러면 오늘 아침 숲 속 펜션에서 자고 일어나 목적지로 가려는 길목에서 일어난 작은 인연은 어느 것이 인이고 어느 것이 연이란 말인가.

불가에서는 흔히 만남이란 인연을 말할 때 겁(劫)을 들춘다. 만남은 수천 겁을 지난 후에 '인연의 겁'으로 결실을 맺는다고 한다. 일 겁(一劫)의 시간은 물방울이 떨어져 집채만 한 바위를 닳아 없애는데 소요되는 시간이라 한다. 범망경(梵網經)에 따르면 하룻밤 같이 자는 것도 6천 겁이 지나야 가능하다니 우리의 오늘 인연은 몇천 겁을 지나 이뤄진 결과일까. 생각하면 생각할수록 아득하여 지끈지끈 머리가 아파 온다. 쉽게 결론을 내버리자. 가수 노사연이 부른 "우리 만남은 우연이 아니야, 그것은 우리의 바램[바람]이었어"란 노래 한 소절로 해답을 내버렸다.

가까스로 정신을 차려 보니 안삭금 마을은 텅 비어 있었다. 주민 모두가 봄놀이 가 버리고 거동이 불편한 할머니 한 분이 무료의 방석을 깔고 양지쪽에 앉아 있었다. 할머니가 전해 주는 무산 김에 대한 정보는 알뜰했다.

이 동네는 염산 사용을 일체 금지하며 2천만 원짜리 CC-TV가 바닷가에 세워져 24시간 감시를 하고 있다. 그리고 김 채취는 12월에 시작하여 첫 상품이 12월 10일경에 나와 미리 예약한 단골들에게 택배로 부쳐진다. 가격은 시중 시세 속당 1만

263

원짜리를 포장을 하지 않으면 싼값으로 살 수 있다.

　다음 행선지로 가기 위해 차에 올라 라디오를 켰다. 이럴 때 이선희의 〈인연〉이란 노래가 흘러나와 연속 홈런을 때려 주었으면 좋으련만 우리의 인연은 마을 순례로 끝나고 말았다. "인연이라고 하죠. 거부할 수가 없죠. 내 생애 이처럼 아름다운 날 또다시 올 수 있을까요." 창문을 열고 혼자 흥얼거렸더니 바람이 휘익 불어와 모자를 날려 버렸다.

주꾸미 먹통 라면

이 세상에 아름답고, 맛있고, 근사한 것들에겐 된소리 발음을 갖다 붙인다. 표준어 자장면이 '짜장면'의 드센 기운에 밀려 '오냐 그래, 너도 우리와 같은 반열에 넣어 주마' 하고 백기를 든 것이 얼마 전의 일이다. 그래서 '짜장면'도 표준어가 되었다. 기(氣)가 '끼'로 통하는 것은 '끼'라고 해야 훨씬 느낌이 좋아 보이기 때문이다.

연전에 세상을 떠들썩하게 했던 '신정아 가짜박사 사건'의 후견인이었던 청와대 고위 관료는 정아를 '쩡아'라고 불렀다. 그가 쓴 신문에 공개된 연애편지를 읽어 본 적이 있다. 정아보다는 '쩡아'라고 불러야 애정의 도수가 더 깊고 더 사랑스럽고 더 맛있게 느껴지는 것일까. 요즘 젊은 층에서 유행하는 '싸랑해'란 된소리 발음은 그만큼 필링이 좋다는 얘기다.

갯가 사람들은 물론 뭍의 사람들까지 봄철 미각의 총아인 주꾸미를 '쭈꾸미'라고 부른다. 한글학자와 국어교사들은 문법을 가르칠 때만 주꾸미로 발음하고 어시장에 가서는 그들도 "쭈꾸미 1킬로그램에 얼맙니까"라고 말할 것이다. 그렇다면 지난번 '짜장면'이 표준어로 올라설 때 '쭈꾸미'도 함께 승단심사를 받았더라면 단증을 받고 검은 띠를 맸을 텐데 좋은 기회를 놓쳤네그려.

소설가 이병주는 장편 소설 『지리산』의 첫머리에 "지이산(智異山)이라 쓰고 지리산이라 읽는다"라고 썼다. 나는 주꾸미라 쓰고 '쭈꾸미'라고 읽는다. 낙지과에 속하는 주꾸미는 낙지의 아들뻘이다. 생김새는 문어를 닮아 다리 여덟 개에 빨판을 달고 있지만 크기로 보면 문어의 증손자 자리를 차지하기도 쉽지 않다. 오징어와 호래기는 생김새가 비슷하지만 호래기가 오징어를 따라 잡지는 못한다. 이들은 다리를 열 개나 달고 있지만 문어와 낙지에 비하면 생태습성은 전혀 다르다. 이들 사이를 굳이 촌수로 따지면 성씨가 다른 내외종간쯤 될라나 잘 모르겠다.

봄 주꾸미 맛은 가히 일품이다. '봄 도다리 가을 전어'란 말이 '자나 깨나 불조심'이란 표어처럼 널리 알려져 있지만 봄철 주꾸미 맛에 입맛을 들인 사람들은 '가당치도 않는 소리'라며 손사래를 친다. 머리통 속에 박혀 있는 흰쌀밥 같은 주꾸미 알 한 숟가락을 입안에 넣어 보면 거저 기가 막힐 뿐 다른 설명이 필요 없다. '집 나간 며느리가 돌아온다'는 전어 굽는 냄새처럼 주꾸미 알 맛을 냄새로 환원시킬 수 있다면 죽은 시어머니까지 돌아올 판이다.

주꾸미 머리통은 끓는 냄비 속에 집어넣고 삶아 먹어야 제격이다. 접시에 달라붙은 다리는 나무젓가락으로 실랑이를 해

가며 집어 올려 날것으로 먹어야 제맛이다. 그걸 참기름 부은 굵은 소금에 찍어 먹으면 입에 짝짝 붙는다. 이때 도수 높은 소주 한 잔을 소스를 끼얹듯 입안에 확 뿌리면 혀와 위의 장단은 '쿵따리 샤바라 빠빠빠', 그야말로 멋진 앙상블을 이룬다. 주꾸미 예찬자들은 '날것의 달콤하기는 낙지보다 낫고 삶은 것은 부드러우면서 쫄깃쫄깃하기가 문어보다 낫다'고 얼레를 떤다. 그들 역시 한결같이 주꾸미라고 부르지 않고 '쭈꾸미'라고 부른다. "그의 이름을 불러 주었을 때 그는 나에게로 와서 꽃이 되었다"라는 김춘수 시인의 「꽃」이란 시는 '쭈꾸미 세계'에서도 여전히 유효하다.

나는 낙지와 주꾸미를 상당히 늦게 만난 편이다. 시방도 그렇지만 낙지와 주꾸미는 음식깨나 즐길 줄 아는 호사가들의 음식이지 평민들이 쉽게 맛볼 수 있는 그런 음식은 아니다. 부끄러운 이야기지만 여행을 한답시고 갯가 주변을 돌아다니며 봄철 주꾸미를 먹어본 것이 불과 십여 년 전 일이다.

은퇴 후 천 개의 산을 오를 목표로 결성한 천산(千山) 대학 친구들과 함께 서해의 위도로 가기 위해 격포항에 이르렀을 때다. 식당 창문 틈으로 내 이름을 부르는 소리가 들려왔다. 이렇게 멀고 낯선 곳에서 나를 알아보는 사람이 있다는 게 신기하고 기특했다. 우쭐우쭐 문을 열고 들어가니 ROTC 동기생이 친구들과 낙지 샤브샤브 요리를 해놓고 한창 먹고 있는 중이었다.

인사는 하는 둥 마는 둥 하고 낙지 몇 마리를 먹어보니 그

맛은 귀신들의 생일파티 때나 먹는 아주 특별하고 별난 음식
이었다. 위도 산행을 마치고 해넘이 민박에서 일박한 후 집으
로 돌아오는 길에 다시 그 식당에 들렀더니 재료가 달려 낙지
샤브는 먹을 수가 없었다. 대신에 주꾸미 먹통을 터뜨려 끓여
준 검은 라면 맛은 좀처럼 잊지 못할 별미 중의 별미였다.

풀밭 위의 식사

프랑스 화가 에두아르 마네가 그린 〈풀밭 위의 식사〉란 그림을 보면 너무 재미있다. 한 편의 멋진 영화나 소설 이상으로 다음 장면이 기대되는 명화 중의 명화다. 이 그림은 단순하게 풀밭 위에서 한 끼 밥만 먹는 것이 아니라 식사 후의 다른 요상한 프로그램을 준비하는 장면을 그린 것처럼 보인다. 이 그림이 동영상이면 바로 뒷장면을 봤을 텐데 정지되어 있는 스틸 사진과 같은 유화여서 다음 진행 순서는 상상으로 그려 볼 수밖에 없다.

화면 중앙에 네 사람이 보인다. 두 쌍의 남녀 중 세 사람은 천연덕스럽게 앉아 있다. 한 여인만 조금 떨어진 물가에서 뒷물을 하고 있는지 반나(半裸)의 상태로 반쯤 구부린 엉거주춤한 자세로 엎드려 있다. 숲 속 풀밭 위에 앉아 있는 여인은 이미 몸 씻기를 마쳤는지 직각으로 구부린 오른쪽 다리에 오른팔을 괴고 발가벗은 채 앉아 있다. 여느 창녀처럼 당돌한 기미도 없고 그렇다고 여염집 여자와 같은 단정미도 없다. 그냥 그대로의 자세다.

앉아 있는 여인 옆의 남자는 구레나룻 수염에 검은 수트를 걸친 정장 차림이다. 오른쪽 남자 역시 같은 차림새지만 머리엔 터반 같은 모자를 쓰고 왼손에 스틱을 든 채로 오른팔을 뻗어 뭔가를 궁시렁거리고 있다. 그의 표정은 자못 심각한 것처럼 보이지만 앞에 앉아 있는 두 남녀는 별 관심을 보이지 않고 있다. 그가 무엇에 대해 지껄이고 있는 지는 별도로 녹음된 테이프가 없어 그 소리는 들리지 않는다. 이 그림은 빛과 어둠, 여자와 남자, 나체와 정장, 정물과 풍경 등 모든 것이 정반대 개념으로 절묘한 대비를 이루고 있다.

인상파의 거장 마네의 그림을 보고 이렇게 감정을 앞세워 약간은 에로틱하게 재해석하는 것은 불경에 가까운 아주 위험한 상상이란 걸 나는 안다. 그렇지만 나의 소아병적인 심미안의 한계가 여기까지밖에 미치지 않으니 실로 안타까울 뿐이다. 나만 그런 게 아니고 당시 프랑스 사회도 이 그림을 보고 발칵 뒤집어졌다고 한다.

1863년 이 그림은 프랑스의 살롱전에 출품했다가 떨어진 후 낙선자 전시회에 '목욕(La bain)'이란 명제를 달고 다시 나타났다. 그러자 위선의 탈을 뒤집어쓰고 사는 것이 바른 생활이라고 믿고 있던 프랑스 사회는 거짓의 옷과 겉치레 의상을 입지 않은 사람들을 불편해하고 심지어 증오했다. 지금도 그렇지만 자신의 입맛에 맞지 않으면 내뱉듯이 이 그림도 외설로 매도당했다.

평론가들은 마네의 이 그림을 두고 자칫 오만으로 치달을 수 있는 편견을 내려놓으라고 주문한다. 어떻게 보면 그림 속의 벗은 두 여인의 얼굴에서나, 옷을 입고 있는 두 남자의 시선에서 욕망의 그림자가 별로 어른거리지 않는다. 평론가들은 "편견을 내려놓으면 자세는 더욱 편안해지고 옷을 입었든 안 입었든 상관없는 무애자재(无涯自在)의 경지로 들어갈 수 있다"라고 말한다. 정말 그럴까.

어쨌든 마네의 〈풀밭 위의 식사〉는 가장 세속적인 것을 세속적이 아닌 것처럼 눙치고 있다. 마네 이전의 화가들은 여신(女神)을 그릴 때만 누드를 그릴 수 있었다. 당시 시대 상황은 여인의 누드는 허용되지 않았다. 그러나 마네는 여신이 아닌 여인을 그것도 발가벗은 상태로 그린 것이다. 벗은 여인과 입은 남정네의 눈빛에서 세속의 욕망을 걷어내 보려고 안간힘을 쓴 흔적이 뚜렷하다. 아무리 그렇게 해도 여인은 여인일 뿐 여신이 아닌 것은 분명한데 말이다.

몽골의 초원을 달리다 점심을 먹는 장소가 마네의 〈풀밭 위의 식사〉와 흡사했다. 전나무 숲 속 그늘에 자리를 펴고 시원한 맥주를 곁들인 오삼불고기로 점심상을 차렸다. 동행 어느 누가 이렇게 말했다. "야, 이건 마네의 풀밭 위의 식사 풍경을 빼다 박았네요." "정말 그렇군요." 아까부터 머릿속을 맴돌고 있는 나의 생각을 맞장구로 응답했다. "그러면 두 사람 정도는 벗어야 되는데." 조금 떨어져 앉아 있는 여성 그룹은 우리의 대화를 눈치채지 못하고 단정하게 앉아 있다.

식사 후에는 바로 작은 음악회가 열렸다. 김덕수 사물놀이

271

패의 단원으로 활약했던 아가씨가 장구를 들고 나와 설장구 춤을 추었다. 이어 국악 경연대회에서 큰 상을 휩쓸었던 가야 금 주자가 가야금 산조를 연주했다.

이날 풀밭 위의 작은 음악회는 내 생애 중에 다시는 만날 수 없는 호사가 극에 달하는 깜짝 이벤트였다. 초원의 빛, 꽃의 영광, 바람의 은총이란 찬사를 모두 다 바쳐도 조금도 버겁지 않을 그런 풍경이었다. 옷을 벗었든 입었든 풀밭 위의 식사는 정말 멋지다. 얼쑤, 조오타.

시크릿 가든

몽골 여행 이틀째, 오늘은 초원의 시크릿 가든으로 간다. 비밀의 정원, 즉 비원(秘苑)은 추억의 장소를 일컫는다. 그곳은 남들이 알지 못하는 은밀한 나만의 공간이다. 언제 찾아가도 설렘이 있고 말 못할 희열이 있는 곳이다. 비원에선 잃어버린 나를 만나고 잊어버린 너를 만난다.

초원의 시크릿 가든을 둘러보고 숙소인 유목민들의 게르가 쳐져 있는 바양골 캠프까진 260킬로미터를 달려야 한다. 고속도로라면 두세 시간이면 충분하지만 초원은 빠름을 허락하지 않는다. 티베트에서의 시간은 말과 야크가 걷는 속도로 흘러간다지만 몽골에서는 고비사막의 낙타와 초원의 양들이 걸어가는 속도로 그렇게 흘러가는 것일까.

우리 일행 십여 명이 움직이는데 오토바이 두 대, 미국제 포드 회사의 SUB 차량 두 대가 동원됐다. 선도차가 수렁에 빠지면 다른 차가 끄집어 내야 하고 오토바이들은 차간 거리 유지를 위해 수시로 연락하는 임무를 맡는다.

몽골의 초원은 민둥산으로 이어진 풍경이 지평선까지 연결되어 있다. 쭉쭉 뻗은 전나무 숲이 없는 건 아니지만 대부분의 구릉은 10센티미터 내외의 난쟁이 풀들이 융단을 깔아 놓은 듯 연이어 펼쳐져 있다. 시크릿 가든으로 가는 초원에는 이정표 하나 없다. 몽골 오토바이 선수 출신인 선두 가이드 뭉크바타 군에게 물어보면 "그냥 헨티 아이막(道)이지요"라고 답한다. 우리의 경상도에 해당하는 지역을 뱅뱅 돌고 있다는 뜻이다.

몇 시간을 달려도 풍경은 좀처럼 변하지 않는다. 그래서 어떤 이는 "시간의 태엽이 멈췄다"라고 말하기도 하고 또 어떤 이는 "구약성서 시대로 들어온 것 같다"라고 한다. 그러고 보니 정말 그렇다. 게르 한 채를 지어 놓고 양치는 일가가 일하고 있는 풍경을 보고 있으니 내가 아브라함의 집을 엿보고 있는 느낌이다.

흰옷을 입은 몽골 영감이 양 한 마리의 뿔을 붙잡고 무리 속으로 끌고 가는 장면이 또렷하게 보인다. 내 의식은 바로 성서속으로 빠져 든다. 내가 보고 있는 이 장면은 하나님께 제사지내러 가는 아브라함이 마땅한 제수물품을 구하지 못해 사랑하는 아들인 이삭을 죽여 하늘에 바치려는 것과 흡사하다.

그때 하나님은 아브라함을 미쁘게 여겨 아들을 치려는 아브라함의 칼을 거두게 한다. 대신에 인근 풀숲에 뿔이 걸려 있는 양을 잡아 제사를 지내도록 가르쳐 주는 창세기의 이야기가 몽골 초원에 펼쳐져 있다. 여행을 하면서 사물이나 현상을 눈에 보이는 것만 보지 말고 유추 짐작을 통해 소설 쓰듯 이야기

274

를 만들어 나가면 지루하지 않고 너무 재미있다.

우리는 몇 킬로미터씩 길게 뻗어 있는 야생화 군락지를 지칠 정도로 보고 또 보았다. 야생화 단지에는 노란 꽃을 피우고 있는 미나리 아제비, 바이올렛 색깔의 패랭이꽃, 꽃 한 송이로 꽃반지를 만들면 딱 좋을 꽃다발 꽃들이 무리지어 피어 있었다. 이 화원의 정원사는 성은 하씨요 이름은 나님이라는데 꽃씨를 뿌린 적도 없고, 물뿌리개로 물 주는 일이 없어도 해마다 철마다 꽃은 피고 진다.

우리가 달리는 이 초원은 몽골 사람들도 쉽게 들어오지 않는 난코스다. 멀리 유목민들의 게르가 다문다문 보일 뿐 하루 종일 사람은 만나지 못한다. 이런 축복을 내 생애중에 내가 직접 받을 수 있다는 건 기적에 가까운 영광이다. 간밤의 와인 파티가 길어 잠이 모자랐지만 졸음은 오지 않았다. 잠시 눈을 붙이면 이승에서 다시는 만나지 못할 풍경들을 놓치기 때문이다.

몇 군데 시크릿 가든을 찾아갔으나 시절이 일러 꽃들은 피지 않았다. 꽃무리 속에서 너울대는 전설 같은 야생화의 춤사위는 볼 수가 없었다. 그러나 지성이면 감천이듯 마지막으로 찾아간 유목민 캠프에서 그리 멀지 않은 둔덕 위의 시크릿 가든은 제대로 격식을 갖춰 우리를 맞아 주었다.

그곳에는 붉은색의 애기중나리, 노란 색깔의 땅나리, 야생 양귀비, 자색의 엉겅퀴를 비롯하여 이름 모를 꽃들이 지천으로 피어 있었다. 녹색의 장원 속 꽃들의 천국, 바로 우리가 찾던 시크릿 가든이다.

동행 중 한 분이 시크릿 가든을 찾은 감격과 흥취를 추스르지 못하고 깊게 숨겨둔 와인 두 병을 꺼내 축배를 들자고 제의했다. 그 와인은 '온다 도로'와 '샤또 라뚜르'란 최고급 술이었다. 부라보 시크릿 가든, 짝짝짝.

우린 독재정권을 무너뜨린 민병대원들처럼 차의 덮개 위로 기어 올라가 깃발 대신 두 손을 흔들며 어둑어둑해진 언덕길을 내려와 캠프로 들어갔다.

이럴 땐 루이 암스트롱의 쉰 목소리로 〈성자, 마을에 들어가다〉란 노래를 불러야 한다. "Oh, wend Saint, go marchin' in."

초원에서 듣는 음악

내 시계는 초원의 시간에 멈춰 있다. 문자판을 들여다보면 우리나라보다 한 시간 늦게 달리는 시계바늘이 보이지 않는다. 그곳에는 다만 쨍쨍 햇살 속으로 불어오는 바람이 흐느적거리며 몸을 비틀고 있는 풀꽃들의 바람기를 재촉할 뿐이다.

3박4일 일정의 몽골 여행을 다녀와서도 시계를 고치지 않았다. 초원의 시간에 머물러 있는 시계바늘이 화들짝 놀라 제자리로 돌아오면 내 의식도 별 볼일 없는 도시의 일상에 노예처럼 복무할 것이 두렵기 때문이다. 손목에 차고 갔던 시계를 서랍 깊숙한 곳에 감금해 버렸다. 초원의 바람맞이에 서 보고 싶을 때만 그 시계를 꺼내 볼 참이다. 그것은 첫사랑의 연인이 보내 온 연애편지를 읽고 또 읽는 것과 무엇이 다르랴 싶다.

옛 선비들은 늙어 거동이 불편할 정도로 나이를 먹으면 와유(臥遊)를 즐겼다. 벽에 산수화를 걸어 두고 젊은 시절 명산 협곡을 두루 돌아다닌 기억을 추억으로 재생시켜 누워서 즐기는 것을 와유라고 했다. 나의 와유 아닌 좌유(座遊)는 초원의 시간이 오롯이 담겨 있는 낡은 여행시계를 들여다보는 것으로

277

대체하면 어떨까 싶다. 그 시계 속에는 바람과 구름 사이로 떼
지어 몰려다니는 말과 양들이 보인다. 그뿐 아니라 앙큼한 계
집 같은 야생의 꽃들이 루주만 살짝 찍어 바른 맨얼굴로 샤넬
넘버 5보다 더 짙은 향내를 풍기고 있다.

초원의 바람은 겸손을 가르쳐 주는 랍비다. 몽골 시를 자주
쓰는 박일환 시인의 「키 작은 평화」를 읽어 보자. "몽골 초원
에선 키를 낮춰야 한다/ 아름다운 풀꽃들도 함부로 키를 높이
지 않고/ 땅과 가까이 붙어서 산다/ 그게 바람을 경배하는 자
세임을/ 오래전부터 터득한 양과 염소들도/ 온종일 고개를 땅
으로 향한 채/ 키 작은 평화를 제 입에 밀어 넣고 있으니/ 높
아지기보다 넓어지려 애써 온/ 초원의 시간. (하략)"

그러나 이 세상은 그렇게 단순하지만은 않다. 선함은 악함
과 어울려 있기에 돋보이고 겸손 또한 오만과 뒤섞여 있기에
은은한 빛을 발하는 것이다. 초원의 바람은 풀꽃들에게 작은
평화를 일러주는 것 외에 햇빛과 물을 꼬드겨 서로 몸을 비비
며 연애하는 방법을 아울러 가르쳐 준다.

초원의 야생화는 일주일 단위로 번갈아 핀다. 한 번 피었던
풀꽃들이 단 며칠 만에 사그라지거나 죽지는 않는다. 다만 고
개를 숙이고 키를 낮출 뿐이다. 그러면 다음 차례에 올라올 씨
앗들은 바람, 햇빛, 물 등 생육에 필요한 요소들이 자신이 속
한 개체 집단에 알맞고 유익한지를 점쳐 본다. 그런 연후에 자
기네들끼리의 반상회를 통한 의결사항을 사발통문으로 돌려
'모월 모일 모시에 지각을 뚫고 일제히 일어서라' 하고 명령한

다.

이런 풀꽃 세상의 내막은 잠시 잠깐 지나쳐 가는 나 같은 방랑자의 눈에는 보이지 않는다. 몽골 초원의 야생화에 심취한 일부 마니아들의 눈에만 보인다고 한다. 이렇게 노심초사하며 땅 위로 얼굴을 내민 풀꽃들은 아름다운 색깔로 화장하고 벌과 나비를 불러 모으기 위해 향수를 뿌린다. 그것으론 모자라 바람이 부는 대로 몸을 비비 꼬며 애교도 부려야 한다. 그래야 짧은 기간 동안에 섹스, 임신, 출산 등 후손을 남길 준비를 완벽하게 마치게 된다.

이번 몽골 여행은 꼬박 사흘 동안 바람과 구름을 안고 야생화만 보면서 달리고 또 달렸다. 일반적인 몽골여행의 필수코스인 테렐지 국립공원, 고비 사막, 홉스걸 호수, 말타기 등은 거들떠보지 않았다. 오로지 초원만 달리다가 어두워지면 유목민의 게르로 찾아 들어가 갓 잡은 염소의 간과 생고기를 안주로 마유주를 얻어 마셨다.

초원에서의 하루는 보인다고 다 보는 것도 아니고 보이지 않는다고 안 보는 것도 아니다. 지평선 너머까지 뻗어 있는 너무 밋밋하여 어찌 보면 게을러 보이는 구릉과 둔덕은 알고 보니 경전이자 지혜를 일러주는 심오한 말씀이었다.

"외로움에 젖었다고 술에 젖지는 말아라. 슬픔에 눌려 그림자에 끌리지 말아라. 가끔은 멍청해지고 가끔은 정신이 드는 이유를 깨달아라. 시간이 바람에 실려 간 후 너무 상심 마라. 쓸쓸함 뒤에는 기쁨이 숨어 있음을 기억하라." 몽골의 음유시인이 읊었다는 시구가 초원의 메아리로 흩어진다.

CD 소리통에선 포르투갈 전통음악인 파두(FADO)를 둘체 폰테스라는 파디스타(가수)가 아까부터 계속 부르고 있다. 파두는 외롭고 서러웠던 추억이 손가락 끝으로 만져질 것 같은 끈적끈적한 음악이다. 몽골 초원을 달리며 듣는 파두는 와인과 치즈처럼 궁합이 절묘하게 맞아떨어지는 쓸쓸하고 황량한 그런 음악이다.

간가라 협곡

오키나와 민나 해변의 한더위는 붉은 태양을 석쇠 위에 올려
놓고 굽는 것처럼 뜨거웠다. 바다 색깔은 남들은 에메랄드 빛
이라며 호들갑을 떨지만 촌놈인 내 눈에는 올갱이를 삶아 낸
파란 물처럼 그냥 한 모금 마시고 싶을 정도로 청량하고 싱그
러웠다. 바닷물 온도는 기가 막히게 딱 맞게 덥혀져 우리나라
동해의 차가운 기운은 전혀 느낄 수 없었다.

스노클링을 하고 물속으로 들어가면 열대어들이 친구인 줄
알고 살갗을 간지럽히기도 하고 어서 따라오라며 앞서서 달리
기도 한다. 바나나보트를 타고 먼 바다를 신나게 달리고 온 아
이들은 오후 한 시로 예약해 둔 나가는 배 시간을 두세 시로
미룰 수는 없느냐고 떼를 섰지만 이미 잡혀 있는 스케줄은 바
꿀 수가 없었다.

어차피 남의 나라에 구경을 왔으면 시간을 아껴 되도록 많
은 것을 보는 것이 남는 장사다. 점심은 휴게소 수산물직매장
에서 초밥 몇 개로 때우는 것도 알뜰 관광의 요체다. 아이들이
좋아하는 추라우미 수족관으로 달려가기 위해선 마음에 점찍

듯 점심을 빨리 먹어 치워야 한다. 길이 7.9미터짜리 고래상어 세 마리와 대형 쥐가오리 네 마리가 자연광 속에서 자유롭게 유영하는 모습을 보기 위해선 이 정도의 희생은 감수해야 한다.

고래상어 중 가장 큰 '진타'는 18년째 이 수족관에서 살고 있다. 그의 장수 기록은 이미 기네스북에 오른 지가 몇 년이나 지났다. 동료 중에 배필이 있는지는 물어보지 않았지만 그동안 새끼를 낳아 기르지 못했으니 어찌 가정의 즐거움을 알겠는가. 암컷과 또 새끼와의 정을 느끼지 못하는 수족관 속의 삶을 구경하는 인간들은 즐거워하겠지만 상어에겐 감옥이자 지옥이리라. 자유를 박탈당한 인생도 불쌍하거니와 바다를 잃은 어생(魚生)도 안쓰럽기는 마찬가지다. 하나 특이한 것은 이 수족관의 7,500톤에 달하는 해수의 수압을 견딜 수 있는 아크릴 패널의 길이는 22.5미터, 높이는 8.2미터, 두께는 60센티미터로 세계 최대 규모다. 고래상어를 가두고 있는 철조망이 이리도 두껍고 견고하다. 그것도 받쳐 주는 철제 기둥 하나 없이 맨몸으로 버티고 있으니 역학 공학의 승리라 해도 그리 과한 찬사는 아니다.

우린 오후 네 시가 조금 지나서 입장권을 끊었다. 일인당 1,800엔인 입장료가 네 시가 지나면 1,280엔으로 할인되기 때문이다. '아는 만큼 보이는 것'이나 '아는 것이 힘'이란 말은 모두 돈으로 연결된다. 이건 정말이다. '찬탄'과 '가련'이 교차되는 수족관도 끼니때가 되어 상어에게 먹이 주는 광경을 보는 것을 끝으로 서둘러 나왔다.

이제 간가라 협곡의 마지막 팀으로 입장하기 위해선 서둘러야 한다. 간가라는 원래 바다 밑 산호 더미가 융기한 동굴이었는데 오랜 세월 동안 비바람에 붕괴되어 협곡을 이룬 특이한 지형이다. 옛날 산속의 작은 구멍에 돌을 던져 넣었더니 돌굴러가는 소리가 '간가라 간가라' 하고 한참이나 들렸다고 한다. 그래서 동굴의 이름을 간가라란 명칭을 붙였단다. 지구상의 여러 민족들이 하나의 풍경과 물상에 이야기 옷을 입히기를 좋아한다. 그것을 스토리텔링이라 말하는데 오키나와 사람들도 그 범주를 벗어나지 못하고 있다.

간가라 협곡 속엔 두 개의 동굴이 있다. 동굴 안에 여인의 유방과 엉덩이를 닮은 종유석이 있는 곳을 여신(女神)의 동굴 즉 '이나구동'이라 불렀다. 아이 낳기를 원하는 여인은 이곳에서 둔부를 만지며 빌었다고 한다. 또 인근 '이키가동'은 남성을 상징하는 것이 아무것도 없으면서도 구색 갖추기 명목으로 남편처럼 애인처럼 자리를 지키고 있다.

간가라 협곡을 빠른 걸음으로 돌면 이삼십 분이면 충분하다. 그런데 입장료를 일인당 2,000엔(24,000원)씩 받아먹었으니 가이드 한 사람이 20명을 데리고 다니며 한 시간 20분이나 질질 끈다. 백열전구 한 개 정도면 훤해질 동굴로 들어갈 땐 냄새나는 석유램프 20개에 불을 붙여 "발밑을 조심하세요"를 연발한다. 돈 빼 먹는 기술은 우리가 배워야 한다.

솔직하게 말하면 간가라 협곡은 강원도의 대금굴(12,000원),

환선굴(4,000원)이나 제주의 만장굴(2,000원), 김녕굴(2,200원)에 비하면 십 분의 일에도 못 미칠 정도로 조잡하고 볼 게 없었다. 오키나와 여행에서의 최대 실수가 비싼 돈 주고 간가라 협곡에 들어간 것이다.

미야코 호텔 앞 식당에서 300엔짜리 오키나와 명주 오리온 생맥주를 마시면서 "3 곱하기 8은 24" 하고 구구단을 외웠다. 생맥주 8잔을 한 방에 날렸구나. 아이구, 아까워라.

오키나와 바다 포도

오키나와는 장수촌이다. 세계에서 첫손에 꼽히는 오래 사는 동네다. 그들은 무엇을 먹으며 무슨 생각을 하며 어떻게 살아가는지 그것이 궁금했다. 풍문에 들리기로는 돼지고기를 푹 삶아 기름을 완전히 뺀 걸 먹으며 해초를 비롯한 채소류를 주로 먹는다고 했다. 언젠가 오키나와에 가면 물씬하게 삶은 돼지고기를 고구마 소주와 함께 먹어봐야겠다고 별렸지만 그곳은 너무 멀리 있었다.

어쭙잖게 오키나와에 갈 일이 생겼다. 아이들이 여름방학을 맞아 갈 곳을 정하는데 오키나와가 당첨되어 그래서 무작정 따라 나서게 되었다. '오키나와 돼지고기를 먹어봐야지'란 생각은 희망사항일 뿐 주인공인 아이들의 동선에 맞추다 보니 돼지고기는커녕 살아 있는 돼지 한 마리도 보지 못하고 3박4일 일정을 겉돌고 말았다.

오키나와는 인구 10만 명당 100세 이상 노인이 28명으로 세계 최고 수준이다. 심장병이나 암, 전립선 질환이 없는 것도 특이하다. 그들은 하루 18가지 음식을 먹는데 78퍼센트가 풀이며 심황, 여주, 쑥, 칡, 곤약, 해초, 자스민차가 주류를 이룬다. 그것보다는 '하라하치부'라는 말대로 배가 80퍼센트 정도 찼을 때 젓가락을 내려놓는다.

하나 더 보탠다면 그들은 어릴 때부터 운동과 명상을 실천하고 낙천적 사고를 장수의 또 다른 비결로 꼽고 있다. 그건 너무나 간단하다. 『논어』 술이 편에 나오는 "나물 먹고 물 마시고 팔을 구부려 베개 삼아도 거기에도 즐거움은 있다(飯疏食飲水 曲肱而枕之 樂亦在其中)"라는 공자의 말씀을 실천한다면 오키나와의 장수 비결을 간단하게 제압할 수 있다.

이왕 말이 나온 김에 장수촌 몇 개 마을을 좀더 섭렵해 보자. 구소련의 변방 코카사스의 압하지아와 네팔 북쪽 파키스탄의 훈자 마을 그리고 중미 에콰도르의 빌카밤바 마을도 오래 사는 마을로 손꼽히고 있다. 이외에도 그루지아의 캅카스와 이탈리아의 사르데냐도 장수촌에서 빼면 섭섭하게 생각한다.

장수 마을의 공통점은 맑은 물과 좋은 공기, 채식, 운동을 겸한 일, 낙천적 사고, 스트레스 안 받기, 그리고 소박한 밥상 등이었다. 그러나 아무리 좋은 장수 요건을 갖춘 생활을 한다고 하더라도 삶에 대한 긍정적인 자세와 이웃을 도와주는 호혜주의 즉 '유이마루 정신'에서 비롯되는 건강한 세계관을 갖지 못한다면 오래 사는 기간 자체가 돼지우리 속의 삶과 크게 다르지 않으리라. 대통령을 지낸 사람이 호의호식하며 골프장을 드나들 일이 아니라 오키나와와 같은 장수촌에 들러 쓰다

남은 29만 원으로 돼지고기나 한 접시 시켜 먹으면서 그곳 노인들의 무욕의 삶을 배워 볼 일이다.

나는 이번 여행에서 별러오던 오키나와 돼지고기는 먹어보지 못했지만 바다 포도(우미 부도)를 만난 건 행운이다. 바다 포도는 오키나와 미야코지마 지역에서 생산되는 특산물인 해조류다. 이름에 걸맞게 청포도 빛깔에 아주 작은 포도송이가 알알이 박혀 주저리주저리 매달려 있다. 모양이나 식감은 캐비아를 닮아 오키나와 사람들은 우미 부도를 그린 캐비아라고 부른다.

옛날에는 해조류를 바다의 잡초란 뜻으로 시 위드(sea weed)라 불렀지만 요즘은 인체에 유익한 게 많아 바다 채소(sea vegetable)라고 부른다. 한술 더 떠 바다 포도(sea grape)는 최상급 과일로 대접하고 있다. 가격은 오키나와산은 250그램당 2,000엔(한화 23,000원)이지만 구매지마산은 4,000엔으로 소고기 최고등급보다 배 이상 비싼 편이다.

바다 포도는 알칼리 식품으로 미네랄과 비타민 그리고 식이섬유와 알긴산의 보고여서 피를 맑게 하고 노폐물을 배출시키는 한편 배변을 도와준다. 일반적으로 몸에 좋은 음식들이 먹기에 부담스러운 것이 더러 있으나 바다 포도는 전혀 그렇지 않다. 입안에 넣고 씹으면 포도 알갱이들이 톡톡 튀면서 해조류 특유의 바다내음이 난다.

오키나와 사람들은 바다 포도를 자신이 좋아하는 간장 초장 향료에 섞어 무쳐 먹는 것을 좋아한다. 그러나 음식깨나 먹을 줄 아는 고수들은 초밥 위에 바다 포도 한 올씩을 얹어 먹으며 쟝 콕토 시인이 "내 귀는 소라껍질 바다 소리를 그리워한다" 라는 시구처럼 혀끝으로 바다를 희롱한다.

오키나와 여행중에 처음 만난 바다 포도 맛에 반해 버렸다. 귀국 하루 전 저녁을 먹으면서 "이 식당에서 가장 자신 있게 권하고 싶은 요리를 주세요"라고 했더니 예순을 넘은 주인이 "그건 우미 부도지요"라고 대답했다. 쟁반은 큰데 포도송이는 겨우 두어 젓가락 될락말락했다. 오리온 생맥주 겨우 두 잔 마셨는데 접시 위의 가을걷이는 이미 끝나 버려 찍어 먹을 게 없었다.

민나 해변 해수욕

바다를 처음 본 건 초등학교 6학년 때다. 바닷가를 찾아가 바다를 본 게 아니다. 수학여행을 가 토함산에 올랐다가 아침 해가 뜨는 먼 바다를 본 것이 바다와의 첫 만남이었다. 그때 토함산에서 동해까지 걸어가 보는 것을 중삼(中三)이 되기 전에 반드시 이뤄야 할 목표로 정한 적이 있다.

당시만 해도 토함산에서 감포 쪽으로 내려가는 도로는커녕 나무꾼들이 내왕하는 토끼길이 있을까 말까 할 그런 시절이었다. 어린 나이에 어떻게 그런 가당치도 않는 엄두를 냈을까. 요즘도 석굴암에 오를 때마다 '열두 살의 맹세'를 되새기곤 하지만 아직도 그때 내게 한 약속을 지키지 못하고 있다. 부끄러운 일이다.

해수욕은 대학 1학년 때 처음 해 보았다. 공부다운 공부를 해 본 적 없는 고삼(高三) 생활이 그렇게 지루하진 않았지만 대학생이 된 해방감은 공부를 열심히 한 놈이나 안 한 놈이나 비슷하긴 마찬가지였다. 입학하자마자 산악부에 들어갔다. 공부보다는 훨씬 적성에 맞았다. 팔공산의 토일(土日) 1박2일은 먹고 자고 걷는 도서관이었다.

대학 교재는 별로 산 적이 없지만 영한사전 한 권 사면서 콘사이스 값과 딕셔너리 값까지 우려냈다. 평생 농사일에만 매달리셨던 어머니는 "영문과는 책을 많이 사야 하는 가베"라며 금융조합에 가서서 돈을 꾸어 오셨다. 저승에 계시는 어머니는 지금도 '인수분해'와 '피타고라스 정리'도 아들이 꼭 사 봐야 할 중요한 책으로 기억하고 계시리라.

다만 원하옵기는 어머니 주변에는 목사나 전도사 같은 분들만 둘러앉아 밤낮 찬송과 기도만 하실 일이지 촉새 같은 수학 선생이 옆에 붙어 앉아 "아들이 피타고라스를 책이라고 합디까"란 그런 싸가지 없는 고자질을 할까 몹시 두렵다. 만약 그랬다간 대빗자루를 거꾸로 들고 내가 올라올 날만 기다리고 계실 테니깐.

책 살 돈으로 군용 A텐트와 배낭과 버너를 샀다. 여름방학을 맞아 다니던 교회의 고등부 친구 여섯 명을 규합하여 팔공산을 거쳐 포항해수욕장으로 가기로 했다. 피차 빈한한 가정의 자녀들이어서 밥은 자체 해결키로 했다. 짐을 줄인다며 쌀속에 봉지를 깐 건빵을 섞었더니 우중 산행 기간중에 건빵이 새곰하게 변해 버렸다.

팔공산 정상에서 지름길로 내려오다 폭우를 만나 할 수 없이 좁은 텐트에 여섯 명이 쪼그리고 밤을 새울 수밖에 없었다. 밥을 할 수가 없어 건빵으로 저녁을 때웠다. 맛이 약간 가긴 했지만 그것도 서로 먹으려고 쟁탈전을 벌였지만 아무도 배탈이 난 친구는 없었다.

해수욕을 떠나기 전 경비 마련을 위해 어머니 몰래 쌀독에
쌀을 퍼내 시장에 내다 팔고 줄행랑을 쳤다. 이 쌀은 여름 내
내 보리밥을 할 때 한 뚜껑 정도 섞는 양식 중의 양식인데 그
걸 몽땅 털어 바다로 도망쳤으니 어머니 말씀대로 '니가 쥑일
놈'이다.

몽골 다녀온 지가 얼마 되지 않았는데 다시 오키나와에 갈
짐을 꾸렸다. 아들과 딸이 '아이들 여름 휴가를 외국의 낯선
바닷가에서 보내고 싶다'며 같이 가잔다. 한 번 거절하면 '다
음번엔 초청 대상에서 제외된다'는 떠도는 말이 참말같이 여
겨져 "그래, 가자" 하고 따라 나섰다. 행선지만 알았지 세세한
일정은 묻지 않았다.

도착 이튿날, 고속도로를 한참 달리더니 도구치항에서 유
람선처럼 생긴 배를 타고 민나 해변에 내렸다. 선착장과 해수
욕장이 눈썹 거리처럼 가까웠고 짐을 들고 이동하는 것도 힘
겹지 않았다. 열 명의 가족이 비치파라솔 4개, 자리 2개를 50
퍼센트 할인하여 3천 엔(한화 3만6천 원)을 주었고 튜브 2개를
서비스로 받았다. 우리나라 해변의 바가지요금에 비하면 엄청
싸고 친절했다. 그뿐 아니라 갖고 간 컵라면의 뜨거운 물도 공
짜로 끓여 주었다.

민나 해변의 쨍쨍 햇살은 햇빛화살이었다. 맨살로 단 몇 분
만 서 있어도 물이 줄줄 흘러내렸다. 그러나 물에 들어가기만
하면 차갑지도 미지근하지도 않은 온도가 욕객들을 붙잡고 놓

아 주지 않았다. 바다 색깔은 하늘을 닮아 투명한 옥색이었다. 바닷속엔 크고 작은 열대어들이 겁도 없이 돌아다녔고 어쩌다 한두 점씩 떠 있는 구름은 수묵으로 번져 가는 수채화였다.

이날 점심은 오키나와에서 가장 인기 있는 키시모토 식당에서 정확하게 38분 동안 줄을 서서 기다렸다가 오키나와 소바 한 그릇(650엔)을 사 먹었다. 오키나와 소바는 메밀이 아니라 밀가루 우동이었다. 일본 사람들은 무슨 맛으로 한 시간씩 기다려 우동 한 그릇을 먹을까. 난 다시는 안 먹을 작정이다.

파초의 꿈

내 방의 창문 밖엔 바나나 두 그루가 큰 키를 자랑하고 서 있다. 키만 큰 게 아니라 잎도 엄청나게 크고 줄기도 무지하게 굵다. 매일 아침 여섯 시쯤 바나나 잎에 떨어지는 빗소리를 듣고 잠을 깬다. 빗소리는 양철지붕에 떨어지는 소리처럼 수다스럽거나 요란하지 않고 우아하면서 맑다.

나는 빗소리를 듣고 있으려니 라이브 가수 이라희가 부른 〈파초의 꿈〉이란 노래 한 소절이 흥얼거려졌다. 바나나의 넓은 잎사귀가 내 의식 속에서 파초의 큰 잎으로 둔갑을 한 모양이다. "모르는 사람들을 아끼고 사랑하며/ 행여나 돌아서서/ 우리 미워하지 말아야 해/ 하늘이 내 이름을 부르는 그날까지/ 순하고 아름답게 오늘을 살아야 해/ 하늘을 마시는 파초의 꿈을 아오/ 가슴으로 노래하는 파초의 뜻을 아오."

내가 만일 빗소리를 오선지에 악보로 옮길 수 있는 음악적 재능이 있다면 쇼팽의 〈전주곡 15번〉에 버금가는 피아노곡을 썼을 텐데 듣는 것만으로 끝을 내려니 서운하고 아쉽다. 쇼팽은 지병인 결핵을 치료하기 위해 마요르카 섬에 있는 발데모

293

사 수도원에 방 한 칸을 얻어 들어간다. 연인인 조르주 상드와
동행이다.

상드가 시내 약방에 약을 구하러 나간 사이 굵은 빗줄기가
쏟아진다. 쇼팽은 연인을 초조하게 기다리지만 수도원의 양철
지붕을 때리는 소나기는 좀처럼 그치질 않는다. 쇼팽은 하늘
이 양철지붕을 통해 불러주는 빗소리를 그대로 피아노로 받아
적는다. 그 곡이 바로 '빗방울'이란 애칭으로 불리는 〈전주곡
15번〉이다.

〈빗방울 전주곡〉이란 곡에는 연인을 초조하게 기다리는 사
랑과 연모, 꺼져 가는 목숨에 대한 두려움, 그리고 가난한 생
활에 대한 초조감이 얽히고설켜 있다. 그래서 빗방울처럼 들
리는, 에이 플랫(A-flat)이란 낮은 음이 주제를 끌고 가다가 2
부로 넘어가면 폭우가 쏟아지는 듯한 격렬한 음으로 변주된
다. 수도원 지붕을 두드리는 장엄하면서도 처절한 음 속에는
쇼팽이 상드를 사랑하는 마음이 숨어 있다.

이곳 필리핀 바기오는 우기인데다 몬순까지 겹쳐 매일 비가
찔끔거린다. 이곳에 사는 사람들조차 "이런 경우는 좀처럼 없
었는데 이상하다"라며 "내일이면 햇빛이 날 거야" 하고 낙관
적으로 생각한다. 나는 이곳에서 꼬박 여덟 밤을 잤는데도 태
양과 눈을 맞춘 적은 하루도 없었다.

비 오는 산중 생활이 하루 이틀 몸에 익기 시작하자 해가 뜨
면 오히려 불편할 것 같은 생각이 들기 시작했다. 유일한 한국
TV뉴스인 YTN을 틀면 대구의 기온은 연일 섭씨 37도를 넘나

든다. 그러나 여기에선 아침 일찍 일어나 해야 할 일은 벽난로에 불을 지피는 일이다. 장작을 때지 않으면 춥고 몰려드는 습기를 물리칠 수 없다. 이 한여름에 벽난로와 친구를 해야 하니 문헌 속에서만 보던 하로동선(夏爐冬扇·여름 난로와 겨울 부채)의 풍류를 직접 경험하고 있다. 이게 천당인가 지옥인가.

모든 것은 생각하기 나름이다. 자신이 처한 환경에서 최선을 다한다면 하늘이나 타인을 원망하지 않아도 된다. 이 빗속에서 재미있게 즐길 놀이를 찾아야 한다. CD 플레이어와 다양한 CD가 있으면 비를 주제로 한 음악 감상회를 열면 좋겠는데 내가 원하는 음악을 남의 집에서 구하기가 그리 쉽지 않다. 어느 시인은 "이 세상 떠날 때 빗소리 듣는 귀는 놔두고 가겠다"라고 했는데, 나도 빗소리를 듣는 한쪽 귀는 여기 두고 떠나야겠다.

"과일 사러 시장에 가자" 하고 선동한다. 이곳 재래시장에 가면 경기도 안산에서 14년간 장터에서 일한 게리라는 친구가 과일상점을 열고 있다. 그는 한국말이 유창한 편인데 말끝마다 '씨발노마'란 욕을 갖다 붙인다. "왜 욕을 하느냐" 하고 물으면 안산시장의 주인이 그러는 걸 따라 배웠다고 했다. "바나나 맛있는 걸로 두 송이 줘"라고 하니까 아니나 다를까 "알았다, 씨발노마"란 후렴을 갖다 붙인다.

우린 푸줏간을 찾아가 살점이 붙어 있는 돼지 혓바닥 두 개를 공짜다 싶을 정도의 가격으로 사서 다시 비 오는 오르막을 헉헉거리며 달려 올라왔다. 바비큐 통에 숯불을 피우고 혓바닥을 규격에 맞게 잘라 대나무 꼬지에 끼워 석쇠 위에 올렸다. 소고기 곰탕에 간간이 섞여 있는 소 혓바닥(牛舌)도 맛있지만 쫄깃쫄깃한 돈설(豚舌)도 얕잡아 볼 물건이 아니다.

돼지 혓바닥 구이를 안주로 필리핀 소주 지네브라에 산 미구엘 맥주를 섞어 기분 좋게 마셨다. 술은 목구멍에서 노래를 튀어 나오게 하는 묘약이다. 우린 〈가을비 우산 속〉에서 〈빗속의 여인〉까지 비에 젖은 노래란 노래를 다 불렀다. 바깥은 어둠살이 끼고 있었다.

바기오의 구름

내 륙색의 멜빵에는 나침반이 달려 있다. 높은 산, 구름 속에 갇혔을 때 나를 잃어버리지 않기 위함이다. 이 나침반은 한미 연합훈련 때 미군들이 갖고 온 단도 집에 들어 있던 생존도구 중의 하나다. 그 속에는 낚싯줄과 바늘, 성냥 등 극한 상황에 처했을 때 유용하게 사용할 수 있는 것들이 들어 있다.

안경알만 한 크기인데 남북을 가리키는 것은 귀신이 곡할 정도로 정확하다. 산에서 길을 잃었을 때 몇 시간을 허우적거리며 돌아다니다 보면 나중에 제자리에 돌아오는 것을 '링반데룽' 현상이라 한다.

높은 산에 가스(구름)가 차오르면 동서남북을 구분하기가 어렵다. 안방처럼 생각하고 있는 팔공산 서봉에서도 반대방향으로 내달렸으니 더 이상 말할 필요가 없다. 가끔 술에 취하면 오른쪽에 있어야 할 빌딩이 왼쪽에 서 있을 때가 있다. 의식의 방황이라고 해야 할 도심 속의 링반데룽 현상은 나를 놓아 버리는 바로 그 순간에 찾아온다.

구름은 고요와 적막이 혼합된 애매모호한 물체다. 고요는 사색을 가져 오지만 적막은 공포를 불러온다. 구름은 처해 있는 환경과 보는 각도에 따라 고요와 적막이 각각 다른 본색을 드러낸다. 산 아래 땅 위에서 쳐다보는 구름은 아름답다. 뭉게구름, 삿갓구름, 양떼구름, 벙거지구름 등 어느 것 하나 탐스럽지 않은 게 없다. 그러나 산속에서 먹구름 속에 갇히면 사방을 분간할 수 없고 거대한 절망 속에서 죽음을 생각하게 된다.

시인은 산 밑에서 구름을 보고 아름다운 시를 쓰지만 등산가들은 폭설과 구름 속에 갇힐 때마다 유언을 한 줄씩 써내려간다. 시인 보들레르는 『파리의 우울』이란 시집 속의 「이방인」이란 시에서 "나는 구름을 사랑하오. 지나가는 저 구름… 저기… 저기… 저 찬란한 구름을!"이라고 읊었다. 또 헤르만 헤세도 "나보다 더 구름을 사랑하는 사람이 있다면 나와 보라"라고 그의 소설 『페터 카멘친트』에서 호기를 부린 바 있다.

이 세상에 살고 있는 인간들과 모든 물상들은 반성할 줄을 모른다. 그래서 시인 김수영은 "여름이 여름을 반성하지 않는 것처럼 졸렬과 수치가 그들 자신을 반성하지 않는 것처럼"이라고 탄식한 적이 있다. 전직 대통령이 그렇고 국회의원들과 종북 좌파 세력들이 그렇고 따지고 보면 나도 그렇고 너도 그렇다. 참으로 한심한 일이다.

여름이 스스로를 반성하지 않기 때문에, 구름도 반성할 기미를 보이지 않기 때문에 륙색에 달려 있는 나침반은 반성할 줄 모르는 것들에 맞서기 위해 대롱거리며 나를 따라다니고 있다.

나는 이번 필리핀 바기오 여행중에 호된 먹구름을 만났다. 왕복 이차선 도로의 흰색 표지선이 보이지 않을 정도였으니 시계는 3-5미터에 불과했다. 이날 우리는 바기오에서 해변도 시 산 페르난도로 가는 중이었다. 짙은 구름 속 내리막 꼬부랑 길을 한 시간 이상 달려야 하는 난 코스였다. 그곳에 가면 맹 그로브 게(Mangrove Crab)를 싼값에 살 수 있다는 소문을 듣고 오늘 그걸 찾아 나선 것이다.

시장은 넓고 상품들은 다양했다. 낯선 냄새도 역겹지 않았 다. 갑자기 오줌이 마려웠다. 마침 경찰관이 보이길래 "WC? 워터 클로셋?" 하고 화장실이 어디냐고 물었다. 그는 내 말을 알아듣지 못했다. 하는 수 없이 바지 지퍼 앞에 주먹을 내밀고 "쉬이" 하고 소리를 질렀다.

"아하, 씨알!(CR·Comfort Room)" 하면서 나의 손목을 잡고 파출소 안의 안락하지 못한 변소로 데려다 주었다. 너무 고마 워 1달러(40페소)짜리 한 장을 줄 생각이었는데 볼일을 보고 나오니 그는 보이지 않았다. 급사 아가씨에게 "어데 갔노" 하 고 물어봤더니 그녀도 내 말을 알아듣지 못했다.

우린 맹그로브 게 5킬로그램(25마리)을 1,400페소(42,000원) 를 주고 사서 해변의 씨 파크 비치 리조트로 들어갔다. 장맛비 는 늦날같이 쏟아지고 바람은 창문이 휠 정도로 불어 재꼈다. 200페소의 품삯을 주고 삶은 게 맛은 영덕대게에 비하면 형편 없었다. 그러나 비바람 속의 그 운치 있는 풍경은 죽는 날까지 잊지 못할 것 같다.

최영미 시인의 「가을에는」이란 시를 추려 읽으면서 게 다리나 뜯자. "그를 사랑하는 것도 아닌데/ 미칠 듯 그리워질 때가 있다./ 이리 저리 찢어지는 구름을 보노라면/ 그를 그리워한 것도 아닌데/ 그가 내 속에 들어온다./ 유리창에 우연히 편집된 가을 하늘처럼/ 한 남자의 전부가 가슴에 뭉클 박힐 때가 있다/(중략) 그럴 때면 그만 허락하고 싶다/ 사랑이 아니라도 그 곁에 키를 낮춰 눕고 싶다."

온천에서 만난 이슬람 처녀들

필리핀 바기오는 해발 1800미터에 위치한 산중 마을이다. 한이삼십 년 전부터 만나 친하게 지냈던 후배가 바기오 몬테라자스 빌리지의 단독주택에 살고 있다. 무슨 바람이 불었는지 "올 여름에는 형수님과 함께 무조건 다녀가야 한다"라는 억지 초청을 받아 필리핀 클락 공항행 비행기에 몸을 실었다.

바기오는 생각보다 너무 멀었다. 새벽 1시에 비행기에서 내려 보내준 승합차를 타고 달리기 시작하여 아침 5시경에 산도 설고 물도 선 산중마을에 도착했다. 밤중에 졸다 내린 탓인지 다리가 후들거렸다. 그러나 코끝을 스치는 공기는 무척 신선했고 주변 풍광이 너무 좋아 잠도 달아나고 말았다.

이곳은 너무 시원하여 필리핀 정부가 여름철마다 집무실을 옮겨오는 곳이다. 바기오 맨 꼭대기에는 여름왕궁이 있고 왕궁 안에는 6홀 규모의 골프장과 온갖 여름 휴양 시설이 갖춰져 있다. 또 육, 해, 공군의 통합사관학교와 경찰대학이 같은 바운더리 안에 있다.

사관학교 영내에는 한국동란 때 필리핀 군인들이 참전한 기념비가 서 있었다. 너무 반가워 우리 일행 여섯은 묵념을 올린 다음 거수경례로 예를 표했다. 이날 가이드를 맡은 후배의 부인은 "제가 한국에서 온 여러 사람들을 모시고 이 탑 앞에 와서 설명을 했지만, 아무도 묵념을 하거나 경례를 하는 사람은 한 사람도 없었다"라고 했다. "그중에는 국회의원도 있었고 고위 관료들도 있었지만 애국심은 뻥이었다"라며 안타까워했다.

바기오에 도착하자마자 그날부터 비가 내렸다. 태풍 짜미 탓이라더니 그게 아니었다. 인도양에서 올라오는 몬순 기후가 그치지 않는 장마를 몰고 왔다는 설명이었다. 우리는 할 일이 없어졌다. 하루는 비 오는 재래시장에 과일을 사러 갔다가 딤섬(만두)을 잘한다는 식당에 들렀다. 필리핀의 유명 맥주인 산 미구엘을 마시며 시간을 죽이는 도리밖에 다른 할 일이 없었다.

'할 일 있음'과 '없음'은 하루라는 시간의 길이를 이렇게 다르게 만든다. 내가 살고 있는 곳에선 하루가 정말 짧다. 우선 신문 연재 글을 제때 써야 하는 게 큰 숙제다. 거기에 비하면 바기오의 하루는 24시간이 아니라 48시간으로 늘어진 것 같다. 할 일이 없으니 미칠 것 같다. 이미 저승에 올라간 혼령들은 비 오는 바기오의 하루 같은 외로운 날들을 견디다 못해 그래서 운명하셨나 보다.

통상 우기에는 오후 2시에서 3시 사이에 잠시 비가 내리고는 햇빛이 쨍쨍해지는 것이 일반적이다. 우리가 도착하자마자 내리기 시작한 비는 마치 만담가의 농담처럼 웃기고 울리듯이 내리다 그치기를 반복한다. 화투장을 쥐면 광(光) 한 장 들어오지 않고, 로또 복권은 긁는 족족 헛방이더니 바기오의 날씨조차 꽝이다. 복 많은 과부는 넘어져도 가지밭에 넘어진다는데 나 원 참.

"내일 비가 오면 온천엘 가자." "조오타." 우린 다시 시장으로 들어가 돼지 족발이 붙어 있는 앞다리 하나를 요리하기 좋도록 잘라 숙소로 돌아왔다. 다음날 아침 숙소에서 40분쯤 내리막길을 내려가니 '투딩 이토곤 온천'이 나타났다. 황토물이 쏟아져 내리는 큰 개울을 출렁다리로 건너 '마운틴 뷰 리조트'로 들어갔다. 온천탕 자릿세는 300페소(9,000원), 1인당 입장료는 40페소(1,200원)였다.

노천 온천은 열탕과 미온탕으로 구분되어 있었다. 그것보다는 바로 옆 계곡에서 쏟아지는 폭포수 코러스는 이보다 좋을 수 없는 소리의 향연이었다. 계곡의 물소리를 듣기 위해 도시락을 들고 혼자 산천으로 돌아다닌 지가 벌써 오래인데 이곳 이토곤 온천의 물소리 합창은 베토벤 심포니 넘버 9를 능가하는 대단한 음악이었다.

온천 주변을 어슬렁거리는 검은 개 한 마리가 다리뼈 한쪽 얻어먹으려고 자리를 떠나지 않았다. 가만히 보니 개 목에는 십자가가 걸려 있었다. 개의 이미지는 예수의 제자 베드로를 연상시켰다. 나는 "블랙 피터(Black Peter), 이리와"라고 손짓을 했더니 서슴없이 나를 따랐다.

그때 마침 검은 차도르를 친친 감고 검은 눈만 빠꼼하게 내놓은 이슬람 처녀 대여섯 명이 온천탕 주변으로 몰려왔다. 이곳 온천은 남녀 공용으로 엷은 옷을 입은 채 온천을 하기 때문에 "옳다. 됐다" 하고 속으로 쾌재를 불렀다. 이슬람 처녀들의 벗은 몸매를 본다는 건 알라신의 은총이 있어야 가능하지 않을까. 그녀들은 옷을 벗을까 말까 망설이다가 그냥 가 버렸다. 이럴 줄 알았으면 "알라 만세! 알라 만세! 알라 만세!"라고 만세삼창이나 부르며 아양이나 한번 떨어 볼 걸 그랬지.